江西财经大学财税与公共管理学院

财税文库

江西省脱贫攻坚财税政策研究

姚林香 张维刚 余文韬 著

中国财经出版传媒集团
经济科学出版社
Economic Science Press

图书在版编目（CIP）数据

江西省脱贫攻坚财税政策研究/姚林香，张维刚，余文韬著．—北京：经济科学出版社，2020. 11
ISBN 978 - 7 - 5218 - 2053 - 9

Ⅰ．①江… Ⅱ．①姚… ②张… ③余… Ⅲ．①扶贫—财政政策—研究—江西 ②扶贫—税收政策—研究—江西 Ⅳ．①F127. 56 ②F812. 756

中国版本图书馆 CIP 数据核字（2020）第 219859 号

责任编辑：顾瑞兰
责任校对：李　建
责任印制：王世伟

江西省脱贫攻坚财税政策研究
姚林香　张维刚　余文韬　著
经济科学出版社出版、发行　新华书店经销
社址：北京市海淀区阜成路甲 28 号　邮编：100142
总编部电话：010-88191217　发行部电话：010-88191522
网址：www. esp. com. cn
电子邮箱：esp@ esp. com. cn
天猫网店：经济科学出版社旗舰店
网址：http：//jjkxcbs. tmall. com
固安华明印业有限公司印装
710 × 1000　16 开　9. 25 印张　150000 字
2020 年 11 月第 1 版　2020 年 11 月第 1 次印刷
ISBN 978 - 7 - 5218 - 2053 - 9　定价：49. 00 元

总 序

习近平总书记在哲学社会科学工作座谈会上指出，一个国家的发展水平，既取决于自然科学发展水平，也取决于哲学社会科学发展水平。坚持和发展中国特色社会主义，需要不断在理论和实践上进行探索，用发展着的理论指导发展着的实践。在这个过程中，哲学社会科学具有不可替代的重要地位，哲学社会科学工作者具有不可替代的重要作用。

习近平新时代中国特色社会主义思想，为我国哲学社会科学的发展提供了理论指南。党的十九大宣告："经过长期努力，中国特色社会主义进入了新时代，这是我国发展新的历史方位。"中国特色社会主义进入新时代，意味着近代以来久经磨难的中华民族迎来了从站起来、富起来到强起来的伟大飞跃。新时代是中国特色社会主义承前启后、继往开来的时代，是全面建成小康社会、进而全面建设社会主义现代化强国的时代，是中国人民过上更加美好生活、实现共同富裕的时代。

江西财经大学历来重视哲学社会科学研究，尤其是在经济学和管理学领域投入了大量的研究力量，取得了丰硕的研究成果。财税与公共管理学院是江西财经大学办学历史较为悠久的学院，学院最早可追溯至江西省立商业学校（1923 年）财政信贷科，历经近百年的积淀和传承，现已形成应用经济和公共管理比翼齐飞的学科发展格局。教师是办学之基、学院之本。近年来，该学院科研成果丰硕，学科优势突显，已培育出一支创新能力强、学术水平高的教学科研队伍。正因为有了一支敬业勤业精业、求真求实求新的教师队伍，在教育与学术研究领域勤于耕耘、勇于探索，形成了一批高质量、经受得住历史检验的成果，学院的事业发展才有了强大的根基。

为增进学术交流，财税与公共管理学院推出面向应用经济学科的“财税文库”和面向公共管理学科的“尚公文库”，遴选了一批高质量成果收录进两大文库。本次出版的财政学、公共管理两类专著中，既有资深教授的成果，也有年轻骨干教师的新作；既有视野开阔的理论研究，也有对策精准的应用研究。这反映了学院强劲的创新能力，体现着教研队伍老中青的衔接与共进。

繁荣发展哲学社会科学，要激发哲学社会科学工作者的热情与智慧，推进学科体系、学术观点、科研方法创新。我相信，本次“财税文库”和“尚公文库”的出版，必将进一步推动财税与公共管理相关领域的学术交流和深入探讨，为我国应用经济、公共管理学科的发展作出积极贡献。展望未来，期待财税与公共管理学院教师，以更加昂扬的斗志，在实现中华民族伟大复兴的历史征程中，在实现“百年名校”江财梦的孜孜追求中，有更大的作为，为学校事业振兴做出新的更大贡献。

江西财经大学党委书记

王乔

2019 年 9 月

前　言

贫困是经济、政治、社会、文化发展不平衡和地理自然生态条件差异综合作用的结果，是人类社会面临的严峻挑战，并且是任何一个国家都无法回避的现实问题，人类生活一切不幸的根源就是贫困。为此，缓解和消除贫困，是促进人类社会全面发展、进步和繁荣的国际社会共同价值追求。作为世界上最大的发展中国家，我国的贫困人口数量较多，贫困历史遗留问题根深蒂固，在一些地方贫困程度较重。改革开放40余年来，我国的贫困人口从1978年的7.7亿人减少到2019年的551万人，贫困发生率下降到0.6%，脱贫成就令世界瞩目，但是这最后的551万贫困人口，却属于脱贫工作中底子最薄、条件最差、难度最大的“硬骨头”，有效遏止和消除贫困，是实现小康社会的必然要求，是建设社会主义和谐社会的重要前提条件，也是政府义不容辞的责任。为在2020年底整体脱贫实现全面小康的目标，中共中央、国务院于2015年11月29日颁布了指导当前和今后一个时期脱贫攻坚的纲要性文件《中共中央国务院关于打赢脱贫攻坚战的决定》。2017年10月召开的党的十九大会议上，再次强调了脱贫攻坚的重要历史意义。党的十九大报告也指出：“深入开展脱贫攻坚，保证全体人民在共建共享发展中有更多获得感，不断促进人的全面发展、全体人民共同富裕。”财税政策在国家经济社会发展中发挥着重要的职能作用，应加紧研究支持脱贫攻坚的财税政策，充分发挥财税政策在脱贫攻坚中的重要作用。对于作为中部欠发达省份的江西省而言，整体经济发展水平较低，农村贫困现象较为严重，贫困面和贫困人口所占比重较大，脱贫攻坚工作显得尤为紧迫。2017年10月，中共江西省委、江西省政府办公厅下发了《关于深入推进脱贫攻坚工作的意见》的通知，具体部署了脱贫攻坚各项工作。

脱贫攻坚是江西省“五年决战同步小康”进程中最难啃的骨头，深入研究并提出财税政策支持脱贫攻坚的建设性意见，具有较大的实践意义及学术价值。

本书从国内外相关研究文献着手，阐述了财税政策支持脱贫攻坚的理论基础和作用机理，梳理了现行江西省支持脱贫攻坚的财税政策并分析其存在的主要问题，在江西省支持脱贫攻坚的财税政策效应分析以及借鉴国外及国内其他省份扶贫财税政策经验的基础上，提出了有针对性的对策建议。本书共分为七章。

第1章，绪论。首先，阐述了本书的研究背景与意义；其次，详细归纳并总结国内外学者在支持扶贫攻坚财税领域的研究成果；再次，介绍本书的研究方法和研究思路；最后，总结了本书可能的创新点以及存在的不足之处。

第2章，财税政策支持脱贫攻坚的理论分析。首先，对脱贫攻坚和贫困的内涵进行界定；其次，分析财税政策支持脱贫攻坚的理论基础，主要包括：市场失灵理论、人力资本理论、福利经济理论、贫困恶性循环理论以及可持续发展理论；最后，分析财税政策支持扶贫攻坚的作用机理，主要包括：公平收入分配、优化资源配置、突破发展瓶颈、维护社会稳定以及实现社会共享。

第3章，江西省脱贫攻坚现状及问题分析。首先，对江西省贫困情况进行简要介绍；其次，详细介绍了江西省脱贫攻坚的产生发展历程与现状；最后，对江西省脱贫攻坚中存在的问题进行分析，主要包括：贫困对象识别度不高、精准帮扶成效不明显、产业扶贫实施效果有限、精准识别精准度不高、扶贫考核机制不完善等。

第4章，江西省现行支持脱贫攻坚的财税政策及问题分析。首先，对江西省脱贫攻坚财税政策进行分析，主要从财政政策和税收政策两个方面展开。其次，分析当前财税政策存在的主要问题。财政政策方面存在的主要问题有：财政扶贫投入不足、财政扶贫支出结构不合理、贫困地区基础设施建设投入不足、扶贫资金投向精准度较低、财政资金支持社会保障力度不足、财政支持职业教育培训投入较低等；税收政策方面存在的主要问题有：针对扶贫项目税收优惠力度不够、针对贫困地区缺乏专项税收优惠政策、公益性捐赠税收激励制度不够完善、资源税生态补偿机制存在问题、贫困地区财力匮乏缺乏主体税种、税收优惠政策扶贫针对性不够等。

第 5 章，江西省脱贫攻坚财税政策效应分析。首先，对江西省财政收支规模效应进行实证分析；其次，对江西省财政收支结构效应进行实证分析。结果显示：财税政策对贫困发生率有着较大的影响，社会保障与就业支出和个人所得税的增加可以有效降低贫困发生率；政府投资性支出、商品课税与贫困发生率正相关，教育卫生、支农支出和企业所得课税与贫困发生率负相关。

第 6 章，国内外扶贫财税政策及经验借鉴。选取典型国家以及国内脱贫攻坚工作开展较好的省份，具体分析这些国家和省份在财税支持扶贫攻坚的经验。通过借鉴其扶贫财税政策经验，提出对江西省财税政策支持脱贫攻坚的有益启示。主要包括：完善财税扶贫开发相关法律法规、加大对贫困人口的教育培训投入、提高农村贫困人口社会保障水平、大力支持贫困地区基础设施建设、实施贫困地区专项税收优惠政策、施行公益性捐赠税收激励制度等。

第 7 章，支持江西省脱贫攻坚的财税政策建议。针对江西省支持脱贫攻坚财税政策存在的问题，提出有针对性的政策建议。财政政策建议包括：加大对贫困地区财政扶贫资金投入、优化财政扶贫支出结构、加大贫困地区基础设施建设投入、提高扶贫资金投向精准度、加强财政支持社会保障力度、加大职业教育培训的投入力度等；税收政策建议包括：加大扶贫项目的税收优惠力度、制定贫困地区专项税收优惠政策、完善公益性捐赠税收激励制度、改革资源税健全生态补偿机制、提高贫困地区的税收留存和返还比例、增强税收政策扶贫激励内容的针对性等；相关配套措施包括：建立健全贫困人口保险制度、创新贫困地区金融扶贫机制、拓宽扶贫资金来源渠道、加强对扶贫资金的绩效考核、完善扶贫对象瞄准和退出机制、运用大数据创新脱贫攻坚工作等。

本书可能的创新点主要体现在：一是运用跨学科交叉分析方法深入研究财税政策支持脱贫攻坚问题，力争在多视角分析框架下，更加全面地发现问题并提出科学、合理、有效的对策建议；二是对江西省 11 个地级市的财政收支规模、收支结构与贫困发生率的关系进行实证分析，探究当前财税政策在脱贫攻坚方面存在的不足，对完善和优化江西省脱贫攻坚财税政策给予数理支撑；三是将财政政策、税收政策与国家重大战略决策结合起来研究，提出更加切合实际的支持脱贫攻坚的财税政策。

作者

2020 年 9 月

目　录

第 1 章

绪 论

1.1 研究背景与意义

1.1.1 研究背景

作为世界上最大的发展中国家，我国的贫困人口数量较多，贫困历史遗留问题根深蒂固，在一些地方贫困程度较重。对我国来说，有效遏止和消除贫困，是实现小康社会的必然要求，是建设社会主义和谐社会的重要前提条件，也是政府义不容辞的责任。为在 2020 年底整体脱贫实现全面小康的目标，中共中央、国务院于 2015 年 11 月 29 日颁布了指导当前和今后一个时期脱贫攻坚的纲要性文件《中共中央国务院关于打赢脱贫攻坚战的决定》。对于人口基数大、经济发展水平低的大国小农来说，我国脱贫攻坚取得了令世界瞩目的成就，但考虑到当下贫困人口的特征——底子最薄、条件最差，脱贫攻坚难度依然较大。党的十九大报告强调，“深入开展脱贫攻坚，保证全体人民在共建共享发展中有更多获得感，不断促进人的全面发展、全体人民共同富裕”，再次深入阐述了脱贫攻坚的重要意义。为实现脱贫攻坚的目标，要积极发动各方力量，提供人力、物资、资金的支持，尤其是要发挥财税政策的引导作用。财税政策在国家经济社会发展中发挥着重要的职能作用，应加紧研究支持脱贫攻坚的财税政策，充分发挥财税政策在脱贫攻坚中的重要作用。

我国是世界上人口最多的发展中国家，大国小农的现实背景下，贫困大部分发生在农村，主要集中分布在自然环境恶劣的老、少、边、穷地区，农民占有很大比重，落后的经济发展水平和大量的农村人口使得中国长期饱受贫困问题的困扰。我国真正意义上的扶贫事业是从改革开放开始的，政府非常重视扶贫工作的开展，实施了一系列有计划、有组织、大规模的扶贫开发活动，减贫效果明显，贫困人口大规模减少。对于江西省而言，整体经济发展水平较低，农村贫困现象较为严重，贫困面和贫困人口所占比重较大，脱贫攻坚工作显得尤为紧迫。江西省政府的扶贫模式也基本是遵照中央政府的模式，大致经历了救济扶贫（1949～1978年）、改革扶贫（1978～1985年）、开发扶贫（1986～1993年）、攻坚扶贫（1994～2000年）、定点扶贫（2001～2010年）、扶贫攻坚（2011～2015年）、脱贫攻坚（2016年至今）等阶段，是一以贯之、与时俱进和动态调整的过程，也是扶贫开发工作由量变向质变重大飞跃的过程。1980年，江西省作为传统的革命老区，部分县处于山区，有25个县被确立为国家级贫困县，获得中央政府财政扶贫政策的扶持。1994年，国务院印发了《国家八七扶贫攻坚计划》，其目标就是力争在2000年以前，基本解决农村贫困人口的温饱问题。这是新中国历史上第一个具有明确目标的扶贫工作计划，标志着我国农村扶贫开发进入攻坚阶段。对于江西革命老区的扶贫开发工作，2012年，国务院出台了《关于支持赣南等原中央苏区振兴发展的若干意见》，决定加大对赣南等原中央苏区的财政扶贫力度，以提高当地社会经济发展水平和人民生活水平。2013年，江西省政府着力推进了赣南等原中央苏区和集中连片特困地区的扶贫攻坚工作，落实赣南等原中央苏区中央预算内投资48亿元，省财政配套扶贫资金5.3亿元，统筹各类社会资金50亿元，以支持贫困地区的扶贫开发事业。2015年，江西省政府发布了《关于着力推动赣南等原中央苏区加快发展的意见》，意见中着重强调要保证2020年全面脱贫必须加大精准扶贫力度这一重要指引，必须将扶贫开发事业与政府绩效挂钩、与贫困居民获得感和幸福感的民生工程相挂钩，对全省精准扶贫攻坚任务进行了部署，强调做好精准扶贫的各项攻坚任务的合理分工，着力实施精准扶贫和精准脱贫。2015年5月，中共江西省委、江西省人民政府印发了《关于全力打好精准扶贫攻坚战的决定》，吹响了江西省脱贫攻坚战决战的号角，明确了未来江西省脱贫攻坚工作的方向。2016年8月，江西省发布了《江西省精准扶贫政

策方案》，明确了江西省精准扶贫攻坚的目标任务和工作部署，确定了十大扶贫工程；出台了《关于坚决打赢脱贫攻坚战的实施意见》，向全省各地各部门发出“动员令”。2017 年 10 月，中共江西省委、江西省政府办公厅下发了《关于深入推进脱贫攻坚工作的意见》的通知，具体部署了脱贫攻坚各项工作。脱贫攻坚是江西省“五年决战同步小康”进程中最难啃的骨头，深入研究并提出财税政策支持脱贫攻坚的建设性意见，具有较大的实践意义。

目前，我国正处于经济社会发展的转型时期，为更好地实现创新、协调、绿色、开放、共享的发展理念，反贫困必将是党和政府工作的重中之重。在此背景下，建立一套适合现实国情的脱贫攻坚财税政策体系，是我国经济社会工作的一项重要战略任务。为此，如何根据实际情况，科学界定财税脱贫政策的职能与边界，合理规范与调整财税政策在脱贫工作中所发挥的作用，让各类、各项财税脱贫政策相辅相成，达到最优，是当前我国财税脱贫的当务之急，也是本书研究的出发点。本书从江西省脱贫攻坚财税政策入手，运用文献分析法、比较分析法和实证分析法，对当前江西省脱贫攻坚财税政策进行梳理，探究财税脱贫攻坚存在的主要问题，借鉴国外及国内其他省份的经验，提出加大对贫困地区财政扶贫资金投入、优化财政扶贫支出结构、提高扶贫资金投放精准度、加大扶贫项目的税收优惠力度等对策建议，为进一步发挥政府在脱贫攻坚中的主导作用、激发社会各方面力量投身脱贫事业提供决策参考。

1.1.2　研究意义

为深入贯彻科学发展观，践行“五大发展”理念，圆满完成“十三五”规划制定的实现全面小康的目标，制定比较系统、科学、合理、有效的脱贫攻坚财税政策是关键。本书从江西省的实际情况出发，研究支持脱贫攻坚的财税政策，并通过理论与实证相结合的方法，从微观层面到宏观层面，层层剖析，力图从更宽泛的视角研究支持脱贫攻坚的财税政策，以拓展脱贫攻坚理论分析框架，进一步推动脱贫攻坚财税理论发展。从理论上明晰财税政策支持脱贫攻坚的基本范围、基本路径，明确财税政策与其他宏观经济政策的协调配合机制，有效充实了宏观调控理论，丰富了国家财税政策扶贫的理论基础，同时也充实和完善了世界反贫困事业发展理论体系。

江西省是传统的农业大省，工业比重小，经济欠发达，贫困面比较广，绝对贫困与相对贫困并存，农村的贫困问题长期存在。特别是新时期国内外政治经济环境的变化，使得江西省农村贫困状况变得复杂多样，脱贫攻坚工作更加任重道远。脱贫攻坚不仅是一个理论问题，更是一个社会问题。一是脱贫攻坚为实现共同富裕目标提供了重要途径，解决好贫困问题是实现共同富裕的前提条件；二是脱贫攻坚有利于维护民族团结，促进社会稳定，构建社会主义和谐社会；三是脱贫攻坚顺应了科学发展观的时代主题，为新世纪国家经济社会的可持续发展提供了重要保证；四是江西省的脱贫攻坚工作是保障江西省与全国同步进入全面小康社会的重要举措，对于推动江西省经济社会健康发展具有重要的实践意义。财税政策在宏观经济管理和社会事业发展中发挥突出的作用，是世界各国扶贫的重要工具和手段，也是我国全面建成小康社会的重要推动力。因此，研究支持脱贫攻坚的财税政策，并提出财税政策支持脱贫攻坚的建设性意见，对践行“五大发展”理念、全面建成小康社会、实现伟大复兴的“中国梦”都具有较强的实践意义。

1.2 文献综述

1.2.1 国外研究现状

国外学者对财税扶贫的研究主要在贫困和反贫困方面，具体包括贫困的内涵研究、财税支持反贫困的必要性研究、财政教育支出对贫困的影响研究、支持反贫困的财税政策建议研究等方面。

1.2.1.1 关于贫困的内涵研究

马尔萨斯（Malthus，1950）认为，人口的不断增长会导致劳动生产率降低，生态环境退化，社会总储蓄减少，不利于经济的增长，因此贫困是不可避免的。哈瑞斯（Harris，1954）、缪尔达尔（Myrdal，1957）认为，地理位置与贫困紧密关联，基础设施不完善、地域环境恶劣是致贫的关键因素。纳克斯（Nurkse，1953）提出了“贫困恶性循环”理论，他认为发展中国家发生贫困的主要原因是内部资源不足，他强调储蓄和资本积累对反贫困和经济发展的重

要性。尼尔森（Nelson，1956）在对发展中国家的资本人均构成与人口增长速度之间的关系以及产业产出和人均增长的关系进行对比研究的基础上，提出了“低水平均衡陷阱理论”。冈纳·缪尔达尔（Myrdal，G. K.）在1957年《富国与穷国》和1968年出版的《亚洲的戏剧：一些国家的贫困问题研究》两本书中在分析产生贫困的原因时提出了“循环因果关系”，他认为导致贫困地区越来越贫困的原因是这些地方的低收入情况造成的。阿马蒂亚·森（Amartya Sen，2000）认为，一个人创造收入的能力或机会的失去是导致贫困的根本原因。

1.2.1.2　关于财税支持反贫困的必要性研究

蒙塔尔沃和阿瓦隆（Montalvo & Ravallion，2010）利用省级面板数据，研究了1980年以来中国财政投入的减贫效果，充分肯定了政府支出在减少贫困中的重要作用，分析发现，经济增长对缓解贫困的所有的影响几乎都是通过第一产业产生的。[①] 卡米纳达和凯斯（Caminada & Kees，2009）通过研究说明社会性支出等方面的财政支出对于农村贫困具有显著的缓解作用。布吉尼翁（Bourguignon，2003）认为，经济增长与收入分配影响贫困的可能机制概括为四个方面：经济增长直接影响贫困；经济增长通过影响收入分配，从而影响贫困；收入分配直接影响贫困；收入分配通过影响经济增长，从而影响贫困。阿瓦隆（Ravallion，2004）的研究表明，中国第一产业增长对中国农村缓解贫困的影响相当于第二产业和第三产业增长影响的四倍，因此政府需要加大对第一产业的支持力度。[②]

1.2.1.3　关于财政教育支出对贫困的影响研究

卡斯特罗·里尔（Castro Leal，1999）对9个非洲国家的教育补贴及其受益情况的分析表明，总体上看，最贫穷的20%的人口得到的补贴少于20%，而最富裕的20%的人口得到的补贴多于20%。具体来说，最贫穷的20%的人口得到了1/5的初等教育补贴、1/10的中等教育补贴以及很少的高等教育补

① Montalvo，Ravallion. The pattern of growth and poverty reduction in China original research［J］. Journal of Comparative Economics，2010，38（1）：2－16.

② Ravallion M，Chen S. China's（uneven）progress against poverty［J］. Journal of Development Economics，2004（1）：1－42.

贴，实际上，一系列的研究均表明，初等与中等教育比起高等教育更有利于贫困阶层。亚当斯（M. E. Adams，1988）提出，对扶贫资源是平均分配，还是集中力量在有限的地区，这是一道很难的选择题，政府实际上多采取折中的道路，分散投资的同时也进行重点投资。因为如果过于分散，追求平等，结果就是这些资源不会对任何地区起到任何积极作用，认为基础设施改良将扩展穷人获得教育和卫生保健的机会，提高人力资本，缩小贫富差距。马歇尔（Marshall，1890）在《经济学原理》中认为，在各种资本投资中，对人本身的投资是最有价值的，人力资本的形成需要政府不断加大对教育的投入。霍华德·舒尔茨（Howard Schultz，1960）提出了促进人力资本形成的扶贫理论，他在《人力资本投资——一个经济学家的观点》中指出，人力资本投资是经济增长的主要源泉，也是摆脱贫困的重要手段，强调“人力”在经济快速发展的关键作用。贝克尔（Becker，1965）在《人力资本》一书中，认为人力资本对经济增长和增加国民收入具有重要作用，并且论证了教育投资是生产性投资，对经济发展有巨大影响。

1.2.1.4 关于支持反贫困的财税政策建议研究

奥地利学者保罗·罗森斯坦·罗丹（Paul · N. Rosenstein-Rodan，1944）在《经济落后地区的国际化发展》一书中，认为只有通过国家层面的主导方式在全国范围内进行投资才能够使贫困地区摆脱贫困；罗萨里奥（Rosario，2007）对菲律宾的研究得到了相近的结论。丹尼尔（Daniel T. L. Shek，2002）提出，应在扶贫中灵活运用税收减免、先征后返、加速折旧、税式扣除等税式间接支出方式，引导市场资金不断投入到农村基础设施建设中来，与购买支出、转移支出等财政直接支出扶贫方式配套使用。

此外，很多学者认为解决贫困问题，关键在于对贫困人口进行必要的赋权，从参与和决策的过程中受益。杰克逊（Jackson，1994）认为，对个人、组织和团体进行赋权可以使其意识到在他们生活中起作用力的关键要素，发展对他们生活进行合理控制的技术和能力，在不损害其他人权利的条件下使用他们的控制力，并支持对社会中其他人的赋权。阿马蒂亚·森（Amartya Sen，1999）的“赋权”扶贫理论认为，应超越经济层面而从权利层面上向穷人赋权，通过对获得资源和参与决策发展活动的权力再分配，为贫困群体提供最基

本的参与和决策权力，从而使其真正受益。贝内特（Bennet，2002）认为，赋权被用来特征化那些基于社会动员的方法，在大多数的社会动员方法中，一个核心的要素是帮助穷人和那些被社会排斥的人实现通过集体行动而获得的能力。布朗（Brown，2003）则认为，提供赋权机会是改变人的潜在现实和为人提供改善自身方式的必要前提。

1.2.2　国内研究现状

国内学者对财税政策支持脱贫攻坚的研究主要从早期的扶贫救济到现阶段的脱贫攻坚。从财税政策的制定和实施方面进行相应的研究，主要包括脱贫攻坚的内涵研究、财税支持脱贫攻坚的战略意义研究、支持脱贫攻坚的财税政策问题分析研究、脱贫攻坚的财税政策效应分析研究、国外财税扶贫政策的经验借鉴研究、支持脱贫攻坚的财税政策建议研究等方面，并取得较丰硕的成果。

1.2.2.1　关于脱贫攻坚的内涵研究

2015 年 11 月，中央扶贫开发工作会议对扶贫开发提出新要求，要求坚决打赢脱贫攻坚战，确保到 2020 年所有贫困地区和贫困人口一道迈入全面小康社会。脱贫攻坚领域逐渐成为学术界研究的热点。岑家峰（2017）认为，脱贫攻坚是一个新的提法，与扶贫攻坚相比只有一字之差，但内涵却更加丰富，脱贫攻坚注重的是目标结果，即要达到的预期目标，扶贫攻坚强调的是帮扶过程，主要是外界的帮扶。[①] 肖乐（2017）认为，脱贫攻坚是指围绕破解我国现行扶贫工作中存在的深层次矛盾和问题，以更大的决心、更明确的思路、更精准的举措、超常规的力度，解决新时期时代背景下我国扶贫、脱贫工作开展所面临的实际问题。[②] 公丕宏、公丕明（2017）提出，脱贫攻坚从时间维度上看，深刻揭示了新时期扶贫脱贫工作的最新特征与科学规律，是我国扶贫开发事业进程的纵深延续；从空间维度上看，精辟阐述了扶贫脱贫工作的顶层设计和精准举措，标志着我国扶贫路径从大规模宏观减贫向集中针对贫困人口的微观脱贫的转变。[③]

① 岑家峰. 民族贫困地区脱贫攻坚的思考——以南宁市为例［J］. 桂海论丛，2017（1）：104－109.
② 肖乐. 精准扶贫理念下推进地方政府脱贫攻坚工作的研究［D］. 湘潭大学，2017.
③ 公丕宏，公丕明. 习近平总书记脱贫攻坚战略思想研究［J］. 中国领导科学，2017（6）：16－18.

1.2.2.2 关于财税支持脱贫攻坚的战略意义研究

财税政策历来是世界各国扶贫开发的重要工具和手段。杨颖（2013）提出，财税支持脱贫攻坚能有效促进特困地区区域发展和特色产业发展。[①] 于乐荣、李小云（2013）从增加贫困居民的家庭收入的角度说明了财税政策支持脱贫攻坚的重要意义。[②] 徐学庆、胡隆辉（2015）认为，贫困是全面建成小康社会的短板所在，补不齐就难成全面小康，财税支持政策扶贫效果明显。[③] 李丹、裴育（2016）提出，财税政策支持脱贫攻坚有助于提升贫困地区基本公共服务水平。[④] 马海涛、王晨（2016）认为，用好财政政策这个供给侧改革的利器，创造有效供给，提高贫困生活底线，精算平衡，满足贫困居民需求，既是实施供给侧结构性改革的应有之义，也是落实脱贫攻坚的有效措施。[⑤]

1.2.2.3 关于支持脱贫攻坚财税政策的问题分析研究

柯振华（2014）认为，多元主体财政补贴资金管理模式，分散了有限的扶贫财政资金，产业扶贫扶富不扶贫现象时有发生。[⑥] 江洋、孟枫平（2015）指出，当前财政扶贫资金投入不足且投向不合理。[⑦] 韩玉印（2015）指出，扶贫项目建设资金中有部分通过征税被国家财政收回，与财政扶贫资金的用途相矛盾。李静毅（2015）认为，当前扶贫慈善事业税收优惠较少，制度设计不合理。郭威（2016）指出，扶贫资金来源渠道单一，扶贫资金管理政出多头，地方财政配套不足。王亚娟（2016）认为，财政补贴制度设计不科学，“大水漫灌”式财政补贴导致大量补贴资金被浪费。冯华（2016）通过调研发现，简单的“给钱给物”产业扶贫效果较差，与此同时，产业发展资金瓶颈问题

---

① 杨颖．税收政策促进西部扶贫开发的成效研究［J］．新西部：理论版，2013（2）：19－20.

② 于乐荣，李小云．中国农村居民收入增长和分配与贫困减少——兼论农村内部收入不平等［J］．经济问题探索，2013（1）：117－122.

③ 徐学庆，胡隆辉．全面建成小康社会关键在于补齐短板［J］．中州学刊，2015（12）：7－12.

④ 李丹，裴育．均衡性转移支付能促进贫困地区基本公共服务供给吗——基于国定扶贫县的实证研究［J］．财贸研究，2016（3）：15－17.

⑤ 马海涛，王晨．基于供给侧的精准扶贫财政政策研究［J］．当代农村财经，2016（6）：10－16.

⑥ 柯振华．如何实施精准扶贫［J］．学习月刊，2014（14）：27－28.

⑦ 江洋，孟枫平．财政支农资金使用效率实证分析［J］．云南农业大学学报：社会科学版，2015（6）：17－24.

尚未有效解决。高亚春、俞贺楠（2016）指出，贫困人口的技能培训覆盖面窄，与市场对接不准，劳动力转移方面技能培训支持不够等。① 冯静生、侯杰（2016）认为，当前扶贫税收政策顶层制度设计缺乏，尚未形成支持扶贫事业发展的税收政策体系等。② 冯铁拴（2018）提出，当前产业精准扶贫中，财税政策工具应用存在工具类型单一，精准程度不足，法治化思维欠缺的问题，难以与精准扶贫这一内在理念有机契合。③

1.2.2.4　关于支持脱贫攻坚财税政策的效应分析研究

李志平（2014）在我国扶贫资金使用现状和特征分析的基础上，基于2002～2014年国家级贫困县的数据进行实证分析，结果显示，扶贫资金具有明显的正效应，相比其他来源资金，中央财政扶贫资金（产业扶贫）的使用效率最高，从扶贫资金投向看，农业项目和教育及培训项目对降低贫困发生率具有显著影响。④ 赖明、成天柱（2014）利用2001～2010年的县级面板数据，证明财政扶贫资金存在效率损失。李盛基（2014）运用脉冲响应函数，发现部分扶贫资金未能产生减贫效果，而且几乎各项扶贫资金对降低贫困强度效果不显著。全承相、贺丽君、全永海（2015）指出，应发挥税收激励功能，鼓励企业及社会扶贫力量参与到扶贫开发中去，提高扶贫税收优惠政策的效应。江洋、孟枫平（2015）对财政支农资金使用效率进行了实证分析，认为目前财政支农资金管理不合理，项目繁杂，资金使用效率不高。郑瑞强、陈燕、张春美、饶盼（2016）选择江西省罗霄山片区18个县（市、区）为分析样本，系统剖析其财政扶贫资金规模与结构特征，运用DEA-Tobit模型科学测算扶贫资金配置效率，明确影响扶贫资金减贫效应发挥的整村推进投资、产业扶贫投资、管理与奖励投资等关键影响因素及影响程度。⑤

---

① 高亚春，俞贺楠．多措并举促进我国技能扶贫脱贫［J］．中国人力资源社会保障，2016（9）：30－32.

② 冯静生，侯杰．完善顶层设计　创新扶贫模式——以安徽农行为例［J］．中国农业银行武汉培训学院学报，2016（1）：13－16.

③ 冯铁拴．产业精准扶贫财税激励政策反思与法治进阶［J］．当代经济管理，2018（12）：70－76.

④ 李志平，张明黎，喻璨聪．我国扶贫资金使用效率的提升策略研究——基于2002～2014年的数据［J］．皖西学院学报，2016（3）：28－30.

⑤ 郑瑞强，陈燕，张春美，等．连片特困区财政扶贫资金配置效率测评与机制优化——以江西省罗霄山片区18个县（市、区）为分析样本［J］．华中农业大学学报（社会科学版），2016（5）：20－21.

1.2.2.5 关于国外财税扶贫政策的经验借鉴研究

王亮、陆琦林（2013）介绍了国外财政扶贫普遍采用直接支出式，灵活运用间接税式支出方式，建立较完备的财政贴息农业信贷扶贫体系，并加大财政对农业保险的支持，建议借鉴国外经验，加大财政支持农田水利基础设施建设力度，丰富引导资金投入扶贫的税式支出方式，大力发展“政府出资、市场补贴”模式和农村信贷及小额保险。① 阳丽（2013）指出，巴西采用的反贫困财政政策体现的是发展极战略，其核心内容就是通过大规模物质资本投资在贫困地区形成新的发展极或增长点，以此产生极化和扩散效应，并带动周边不发达地区的经济发展，促进不发达地区贫困人口分享经济发展的成果，缓解区域性的贫困状况。② 王红彦（2014）系统阐述了泰国、苏丹、南非和印度等5国的生态移民搬迁进程，总结提出要建立灵活高效的财政支持体系。③ 吕国范（2014）通过对美国资源产业、法国资源产业、南非旅游资源产业、巴西农业资源开发的分析，提出中原经济区值得借鉴的方面，只有采取促进当地农业产业化发展和资源综合开发利用的开发手段，才能达到长期有效的扶贫效果。④ 郭涛（2016）在对国外扶贫开发的经验总结的基础上认为，社会组织开发的新兴扶贫模式，是充分利用市场机制，通过开发道德市场、开发穷人的资本以及发展社会企业来推进减贫。⑤

1.2.2.6 关于支持脱贫攻坚的财税政策建议研究

广西财政厅课题组（2013）建议，调整政府间税收利益分配，提高贫困地区的税收留存和返还比例。⑥ 李勇（2013）认为，应出台针对农村扶贫项目和扶贫企业支持力度更大的税收优惠政策，包括所得税、流转税、土地使用税等税种。⑦ 罗庆（2014）提出，应建立包含贫困人口扶持情况在内的贫困人口

---

① 王亮，陆琦林．发达市场经济国家财政扶贫经验及借鉴［J］．地方财政研究，2013（12）：78－82.

② 阳丽．江西特困地区扶贫财政政策绩效分析［D］．南昌大学，2013.

③ 王红彦，高春雨，王道龙，等．易地扶贫移民搬迁的国际经验借鉴［J］．世界农业，2014（8）：15－21.

④ 吕国范．中原经济区资源产业扶贫模式研究［D］．中国地质大学，2014.

⑤ 郭涛．国外反贫困的经验对我国扶贫开发的启示［J］．时代报告，2016（32）：27－28.

⑥ 广西财政厅课题组．完善广西农业综合开发扶持农民专业合作组织的政策研究［J］．经济研究参考，2013（59）：11－14.

⑦ 李勇．完善农村扶贫税收政策　打好新时期扶贫攻坚战［J］．未来与发展，2013（3）：109－112.

和扶贫情况数据库，将财政专项扶贫资金以建立的贫困人口数据库信息作为依据进行分配。[①] 邓小海（2015）提出，在绿色发展、旅游扶贫方面，应加大旅游扶贫的转移支付力度，建立旅游扶贫资金整合机制。[②] 严丽、程丛喜、刘保丽（2015）认为，政府应用好财政扶贫资金、以工代赈资金和信贷扶贫资金，妥善管理旅游扶贫项目，提高扶贫资金使用效率。全承相、贺丽君、全永海（2015）提出，应充分利用税收优惠政策，引导各类企业、社会组织和个人等社会力量以投资兴业、扶贫捐赠等多种形式积极参与扶贫开发。[③] 柴葳、万玉凤（2015）建议，在教育扶贫方面，实现贫困地区义务教育普及、学校基础设施建设、学生资助体系建立、教师队伍建设、民族教育发展、职业教育提升等领域的教育扶贫全方位覆盖。[④] 王延中、王俊霞（2015）提出，在社保兜底扶贫方面，应最大程度地发挥社会救助对于保障贫困人口和遭受意外事件者的生活兜底作用。[⑤] 符依（2016）认为，应加大对少数民族地区义务教育资金总量的投入，加强少数民族地区师资队伍建设和义务教育精准扶贫，提供优质教育资源，利用“互联网 +”实现教育资源共享。[⑥] 张琦、冯丹萌（2016）认为，应形成社会保障与减贫的双轮驱动，专项扶贫、行业扶贫与社会扶贫相结合的大扶贫格局。[⑦] 辜胜阻、李睿、杨艺贤、庄芹芹（2016）提出，要进一步加大专项扶贫投入并整合资金，促进低保与扶贫相结合，要推进教育扶贫与科技扶贫，切断贫困“代际传递”，提升贫困地区劳动者素质与生产效率。[⑧] 王峰（2016）认为，应不断加强社会保障工作与扶贫工作的有效衔接，社会保

---

① 罗庆，李小建．国外农村贫困地理研究进展［J］．经济地理，2014，34（6）：1－8．

② 邓小海，曾亮，罗明义．精准扶贫背景下旅游扶贫精准识别研究［J］．生态经济，2015，31（4）：94－98．

③ 全承相，贺丽君，全永海．产业扶贫精准化政策论析［J］．湖南财政经济学院学报，2015，31（1）：118－123．

④ 柴葳，万玉凤．治贫先治愚　扶贫必扶智——20 项惠民政策织密教育扶贫网［J］．云南教育：视界，2015（11）：8－10．

⑤ 王延中，王俊霞．更好发挥社会救助制度反贫困兜底作用［J］．国家行政学院学报，2015，99（6）：69－73．

⑥ 符依．精准扶贫背景下少数民族义务教育资源配置现状及对策的研究［J］．时代金融（中旬），2016（5）：241－242．

⑦ 张琦，冯丹萌．我国减贫实践探索及其理论创新：1978～2016 年［J］．改革，2016（4）：27－42．

⑧ 辜胜阻，李睿，杨艺贤，庄芹芹．推进“十三五”脱贫攻坚的对策思考［J］．财政研究，2016（2）：7－16．

障要“提标扩面”，切实保障困难群体的基本生活问题。[①] 王军（2018）提出，在吸纳贫困人群就业问题上，可以考虑其工资薪金在企业所得税前作为成本列支时进行一定期限加计扣除的优惠；住房方面，对于房地产企业在贫困地区从事保障房、危房改造有关项目的，考虑实行一定的企业所得税优惠政策。[②] 范子英、高跃光（2019）发现，持续强化财政扶贫资金的管理，正确引导贫困地区地方政府的教育支出偏向，有助于缩小地区间人力资本水平的差距。[③]

1.2.3 研究评述

综上所述，国内外学者关于财税政策支持脱贫攻坚的研究成果较多，为解决贫困问题作出了应有的贡献。虽然各国财税政策支持扶贫的路径有所不同，但财税政策在脱贫攻坚中的作用是不容忽视的，如何发挥好财税政策的引导作用至关重要。通过梳理国内外学者对财税政策支持脱贫攻坚的研究成果发现，从研究内容上看，财政政策方面的成果较多，税收政策方面的成果较少；从研究视角上看，宏观层面的研究成果多，微观角度的研究成果较少，致使宏观经济理论研究缺乏相应的微观基础；在研究方法上，理论定性的阐述较多，实证和定量的分析相对较少，理论分析缺乏相应的数理支撑。本书在梳理江西省现行支持脱贫攻坚的财税政策、明确现实政策问题的基础上，借鉴国内外经验，提出相应的对策建议，以发挥财税政策“精准调控”的功能作用，提高财税政策支持脱贫攻坚的效率，从而更好地促进并保障脱贫攻坚的效果。

1.3 研究方法与思路

1.3.1 研究方法

1.3.1.1 文献分析法

在充分了解当前支持脱贫攻坚财税政策研究前沿的基础上，深入探究较

① 王峰．垦利县“两保障”有序推进精准扶贫［J］．山东人力资源和社会保障，2016（4）．

② 王军．共享发展理念下的财税扶贫［J］．中国行政管理，2018（12）：143－145．

③ 范子英，高跃光．财政扶贫资金管理、支出激励与人力资本提升［J］．财政研究，2019（3）：14－29．

少涉及的领域，才能形成研究的闪光点。通过中国知网、万方学位论文等数据库，对中外学者的研究文献进行归纳整理，重点查阅研究支持脱贫攻坚财税政策效应分析的文献资料。另外，在国家税务总局、江西省扶贫与移民办公室等网站查询相关资料，系统梳理了江西省现行支持脱贫攻坚的财税政策。

1.3.1.2　学科交叉分析方法

综合运用财政学、税收学、发展经济学、福利经济学、制度经济学等学科知识分析扶贫攻坚相关问题，力争在多视角分析框架下，更加全面地发现问题并提出科学、合理、有效的对策建议。

1.3.1.3　实证分析法

实证分析为理论分析、问题分析和对策建议提供必要的数理支撑。财税政策主要通过财政的“收与支”表现出来，进而对扶贫攻坚（贫困发生率）产生影响。本书通过江西省财政收支规模和收支结构对贫困发生率的实证分析，深入分析财税政策对贫困发生率影响的作用机理，从而可以提出更具针对性的对策建议。

1.3.1.4　比较分析法

本书运用比较分析法横向比较了国外与国内其他省份支持扶贫的财税政策，在比较的基础上借鉴国外与国内其他省份的相关经验，提出了完善支持江西省脱贫攻坚的财税政策建议。

1.3.2　研究思路

本书从国内外相关研究文献评述着手，结合深入开展脱贫实地调研掌握的第一手资料，阐述财税政策支持扶贫攻坚的理论基础和作用机理，着重分析当前江西省脱贫攻坚及财税支持政策存在的问题，并在江西省脱贫攻坚财税政策效应分析及借鉴国内外扶贫财税政策经验的基础上，提出了支持江西省脱贫攻坚的财税政策建议。本书共分为七章，具体研究框架如图 1 -1 所示。

第 1 章，绪论。首先，阐述了本书的研究背景与意义；其次，详细归纳并

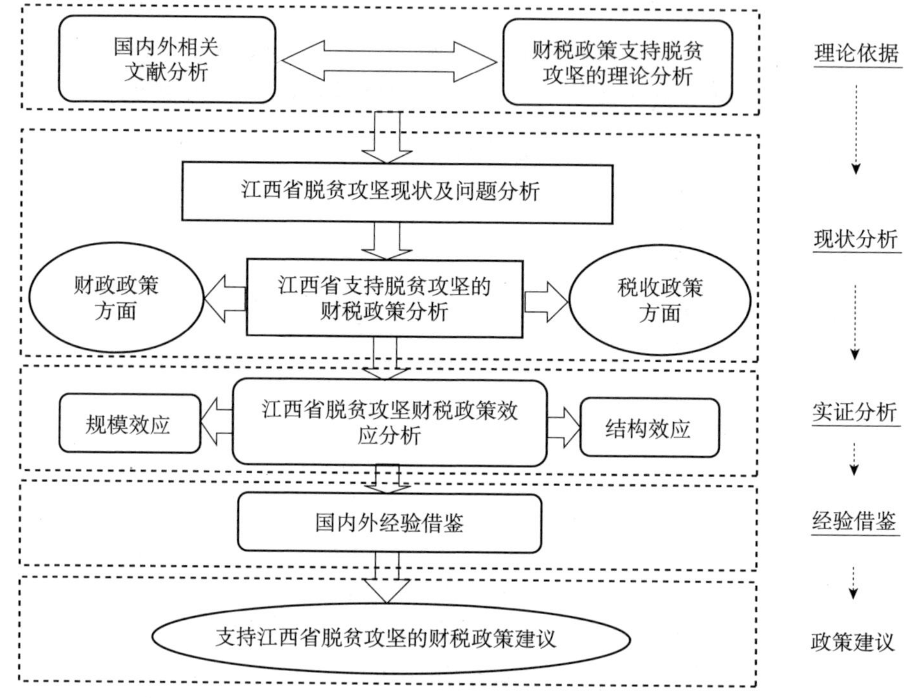

图 1－1　研究框架

总结国内外学者在支持扶贫攻坚财税领域的研究成果；再次，介绍本书的研究方法和研究思路；最后，总结了本书可能的创新点以及存在的不足之处。

第 2 章，财税政策支持脱贫攻坚的理论分析。首先，对脱贫攻坚和贫困的内涵进行界定；其次，分析财税政策支持脱贫攻坚的理论基础，主要包括：市场失灵理论、人力资本理论、福利经济理论、贫困恶性循环理论以及可持续发展理论；最后，分析财税政策支持扶贫攻坚的作用机理，主要包括：公平收入分配、优化资源配置、突破发展瓶颈、维护社会稳定以及实现社会共享。

第 3 章，江西省脱贫攻坚现状及问题分析。首先，对江西省贫困情况进行简要介绍；其次，详细介绍了江西省脱贫攻坚的产生发展历程与现状；最后，对江西省脱贫攻坚中存在的问题进行分析，主要包括：贫困对象识别度不高、精准帮扶成效不明显、产业扶贫实施效果有限、精准识别精准度不高、扶贫考核机制不完善等。

第 4 章，江西省现行支持脱贫攻坚的财税政策及问题分析。首先，对江西省脱贫攻坚财税政策进行分析，主要从财政政策和税收政策两个方面展开；其次，分析当前财税政策存在的主要问题。财政政策方面存在的主要问题有：财政扶贫投入不足、财政扶贫支出结构不合理、贫困地区基础设施建设投入不足、扶贫资金投向精准度较低、财政资金支持社会保障力度不足、财政支持职业教育培训投入较低等；税收政策方面存在的主要问题有：针对扶贫项目税收优惠力度不够、针对贫困地区缺乏专项税收优惠政策、公益性捐赠税收激励制度不够完善、资源税生态补偿机制存在问题、贫困地区财力匮乏缺乏主体税种、税收优惠政策扶贫针对性不够等。

第 5 章，江西省脱贫攻坚财税政策效应分析。首先，对江西省财政收支规模效应进行实证分析；其次，对江西省财政收支结构效应进行实证分析。结果显示：财税政策对贫困发生率有着较大的影响，社会保障与就业支出和个人所得税的增加可以有效降低贫困发生率；政府投资性支出、商品课税与贫困发生率正相关，教育卫生、支农支出和企业所得课税与贫困发生率负相关。

第 6 章，国内外扶贫财税政策及经验借鉴。选取典型国家以及国内脱贫攻坚工作开展较好的省份，具体分析这些国家和省份在财税支持扶贫攻坚的经验。通过借鉴其扶贫财税政策经验，提出对江西省财税政策支持脱贫攻坚的有益启示。主要包括：完善财税扶贫开发相关法律法规、加大对贫困人口的教育培训投入、提高农村贫困人口社会保障水平、大力支持贫困地区基础设施建设、实施贫困地区专项税收优惠政策、施行公益性捐赠税收激励制度等。

第 7 章，支持江西省脱贫攻坚的财税政策建议。针对江西省支持脱贫攻坚财税政策存在的问题，提出有针对性的政策建议。财政政策建议包括：加大对贫困地区财政扶贫资金投入、优化财政扶贫支出结构、加大贫困地区基础设施建设投入、提高扶贫资金投向精准度、加强财政支持社会保障力度、加大职业教育培训的投入力度等；税收政策建议包括：加大扶贫项目的税收优惠力度、制定贫困地区专项税收优惠政策、完善公益性捐赠税收激励制度、改革资源税健全生态补偿机制、提高贫困地区的税收留存和返还比例、增强税收政策扶贫激励内容的针对性等；相关配套措施包括：建立健全贫困人口保险制度、创新贫困地区金融扶贫机制、拓宽扶贫资金来源渠道、加强对扶贫资金的绩效考核、完善扶贫对象瞄准和退出机制、运用大数据创新脱贫攻坚工作等。

1.4 创新点与不足之处

1.4.1 创新点

一是运用跨学科交叉分析方法深入研究财税政策支持脱贫攻坚问题，力争在多视角分析框架下，更加全面地发现问题并提出科学、合理、有效的对策建议。

二是对江西省11个地级市的财政收支规模、收支结构与贫困发生率的关系进行实证分析，探究当前财税政策在脱贫攻坚方面存在的不足，对完善和优化江西省脱贫攻坚财税政策给予数理支撑。

三是将财政政策、税收政策与国家重大战略决策结合起来研究，提出更加切合实际的支持脱贫攻坚的财税政策。

1.4.2 不足之处

本书还存在一些不足之处，主要表现在数据的搜集上。由于客观因素的制约，深入实地进行考察调研获取的更多是具体政策措施方面的材料，地市财税支持政策具体样本数据资料收集不足，而只能通过《统计年鉴》《统计公报》等相关文献资料的查阅进行分析，从而会在一定程度上降低对策建议的具体性与有效性。

同时，较少从脱贫税收优惠的角度来分析税收政策支持脱贫攻坚的效应，希望各级政府和相关部门能够进一步完善脱贫开发信息公开机制，建立起涵盖脱贫攻坚各方面且较为完备的信息开放互通平台，为基于时间序列或面板数据进一步对脱贫税收优惠进行全面分析奠定基础，使实证分析脱贫税收政策的效应更加细致、具体、深入。

第 2 章

财税政策支持脱贫攻坚的理论分析

2.1 脱贫攻坚的内涵界定

2.1.1 脱贫攻坚的概念

脱贫攻坚，顾名思义就是指解决扶贫工作中最困难棘手的问题。当前，我国精准扶贫工作取得了很大成就，而脱贫攻坚就是指围绕破解我国现行精准扶贫工作中存在的深层次矛盾和问题，以更大的决心、更明确的思路、更精准的举措、超常规的力度，深刻把握新时期时代背景下我国扶贫、脱贫工作开展所面临的实际问题，形成以精准扶贫为理念基础，实现脱贫攻坚目标的扶贫重要战略规划，同时也是我国扶贫工作的重大理论创新。

2.1.2 脱贫攻坚的特点

2.1.2.1 脱贫以结果为导向

扶贫攻坚强调的是帮扶过程，主要是外界的帮扶；而脱贫攻坚注重的是目标结果，即要达到的预期目标。脱贫攻坚总体目标就是要补齐全面建成小康社会最突出的短板，确保到 2020 年现行标准下农村贫困人口全部脱贫，贫困县全部摘帽，解决区域性整体贫困。实现脱贫攻坚目标，要通过实施精准扶贫方略，加快贫困人口精准脱贫。

2.1.2.2 脱贫工作难度大

脱贫攻坚工作针对的脱贫对象大多数贫困程度深，扶贫难度大。工作主要难点体现在几个方面：一是脱贫过程中由于法律法规的不完善、监管不力导致扶贫资金占用挪用，以及扶贫干部素质不高等问题影响扶贫效果；二是由于农村贫困人口受教育水平不高，思想观念的落后，导致部分脱贫对象存在“等、靠、要”的观念，由于自身懒惰不愿意参加工作，存在“思想贫困”的问题；三是脱贫过程中由于产业扶贫发展缓慢，加之抵御自然灾害能力差，脱贫之后易返贫，导致脱贫难度大。

2.1.3 脱贫攻坚的目标

“贫困既是一种经济现象，也是一个较为普遍的社会问题，在任何国家和地区的社会发展中不同程度地存在。减少和消除贫困也是各个国家和地区公共治理的重要目标和任务。”客观而言，贫困并非绝对概念，而是相对概念，人们对于贫困的认知往往会随着经济发展水平的提高而有所转变。换言之，同一生活标准在不同经济发展阶段有着截然不同的意义；即便同一时期，但在不同国家，同一生活标准所代表的内涵也有所不同。正因如此，对于贫困的理解至少应当包含“绝对贫困”和“相对贫困”两个角度。“绝对贫困”可以随着社会生产力的提高而消除，“相对贫困”却无法凭借生产发展而消除。因此，以共同富裕和人权保障为理论基础的精准扶贫也就难以“毕其功于一役”，脱贫攻坚不仅要扶持“绝对贫困”主体，也要扶持“相对贫困”主体。即便按照党中央、国务院的部署在2020年之前实现所有“绝对贫困者”脱贫，脱贫攻坚这一战略也未必会过时，因为脱贫攻坚的主战场将会随着时代发展从“绝对贫困”转向“相对贫困”。

2.2 贫困标准的界定

2.2.1 理论贫困标准

贫困是一个动态的、地域的概念，它与时间、空间以及个人思想观念的变

化紧密相关。贫困作为一种社会现象，是指人所处的一种社会状态，因种种发展的制约或阻碍所造成的生存危机和生活困境，这种状态可以通过外界和自身的努力加以改变，但也可能会继续恶性循环。从贫困的范围来划分，可分为狭义贫困和广义贫困。狭义贫困仅指经济意义上的贫困，广义贫困是指物质和精神方面的“双重贫困”。从贫困的程度来划分，可分为绝对贫困和相对贫困。绝对贫困是指生存贫困，简单理解就是温饱问题得不到满足，而相对贫困是比较而言的贫困，是收入水平明显低于社会平均水平的一种社会生活状况。另外，贫困还有区域贫困和阶层贫困、城市贫困和农村贫困、物质贫困和精神贫困等之分。

目前，关于贫困的绝大多数研究以贫困线为中心。从理论上看，贫困线的确定一般建立在食品贫困线和非食品贫困线分别确定的基础上的。确定食品贫困线的传统做法是：选出一组能满足成年人最低营养需求的食品，然后计算出其货币价值，从而得到食品贫困线。给定食品贫困线，并假定一个非食品支出对食品贫困线的比率，就可以直接得出贫困线。用公式可以表示为：

$$PL = PLF + R_{nf} \cdot PLF \tag{2-1}$$

其中，PL 为贫困线，PLF 代表食品贫困线，R_{nf}为非食品支出对食品贫困线的比率。不难看出，采用上述方法确定的贫困线实际上依赖的是消费支出标准。

实际上看到的现象是有些人的收入高于贫困线，而其消费则低于贫困线。因此，以收入标准衡量，他们被划定为非贫困人口，而以消费标准衡量，他们却是贫困人口。此外，当我们考虑在支出和收入之间进行选择的时候，还要注意两种方法的不同：前者关心的是生活标准，而后者关心的是对资源的最低权利。采用支出标准，其目标是人们达到一个指明的消费水平或者特定的商品的消费；而采用收入标准，作为公民，人们被看作有权得到一个最低收入，而如何支配收入则是他们自己的事情。尽管这两种观点经常被混淆，但它们之间的区别是重要的。收入是从权利视角看待贫困问题的焦点所在，但在生活标准方法上，则必须将它的使用看作是消费的代表。

2.2.2　实践贫困标准

国际上，有一个通用的标准——极端贫困标准，由世界银行发布，旨在评估全球贫困状况及各国减贫进展，为全球减贫设定目标。这一标准，是根据全球15个最贫困国家国内的贫困标准，按照购买力平价换算成美元，采用简单平均值确定的。目前，最新的国际贫困标准是每人每天1.9美元，比2005年的标准增长52%，但这是现价调整，不是实质性提高。我国的贫困标准，是以2010年不变价年人均纯收入2300元为基础，每年根据当年农村低收入居民生活消费价格指数进行调整。我国现行贫困标准按照购买力平价换算为2.2美元，略高于国际贫困标准。但从近几年来看，贫困标准增幅有所增加，2013年我国贫困标准现价是2736元，2014年是2800元，2015年是2855元，2016年是3075元，2017年是3305元，2018年是3535元，2019年是3747元，增幅分别为3.14%、1.96%、7.71%、7.48%、6.96%、6%。脱贫攻坚的目标就是让贫困群众的收入能够达到并超过贫困标准，从而实现全面小康。本书研究的贫困问题主要是指农村人口的绝对贫困问题，实现经济意义上贫困问题的基本解决，力争为2020年底全面脱贫目标任务的实现作出应有的贡献。

2.3 财税政策支持脱贫攻坚的理论基础

2.3.1 市场失灵理论

市场失灵理论认为，完全竞争的市场结构是资源配置的最佳方式，但在现实经济中，完全竞争的市场结构只是一种理论上的假设，理论上的假设前提条件过于苛刻，现实中是不可能全部满足的。由于垄断、外部性、信息不完全及公共产品，仅仅依靠价格机制来配置资源无法实现帕累托最优，出现了市场失灵。当市场失灵时，为了实现资源配置效率的最大化，就必须借助于政府的干预，这实际上已经明确了政府干预经济的调控边界。不过，现代市场失灵理论认为，市场不能解决的社会公平和经济稳定问题也需要政府出面化解，从而使得政府的调控边界突破了传统的市场失灵领域而大大扩张。① 因此，市场失灵理论是财税政策促进精准扶贫的理论基础之一。贫困问题的产生一方面源于素质、能力、财富、资源的匮乏，另一方面来自社会关系、社会文化、习俗、政

① 李会明．非市场失灵理论与中国市场经济实践［M］．北京：立信会计出版社，2001.

治制度的影响。扶贫中的市场失灵主要表现在公共产品、外部效应及收入分配不公等方面，农村贫困程度很大部分取决于公共产品的供给状况，如农村的公共设施、公用事业、公共福利、公共服务等方面，客观上要求政府参与到农村公共产品的提供，从而有效提高贫困人口的收入水平和消费能力，提高劳动力素质和自身反贫困能力以及贫困地区稳定发展能力，从而有助于缩小贫富差距，维护社会和谐稳定。

2.3.2　人力资本理论

人力资本理论最早是由美国经济学家舒尔茨和贝克创立，是指人与相关的外物进行有机结合、协调发展来充分发挥人和物的具体效应。人力资本理论强调人的能力是最重要的生产要素，要想加快经济增长和社会发展的进程，关键在于提高人口素质和人口质量，主要强调对劳动者进行教育和培训的投资。1960 年，舒尔茨在发表《人力资本投资——一个经济学家的观点》时提到："经济发展主要取决人的质量，而不是自然资源的丰瘠或资本存量的多寡。"他在研究农业经济问题时发现，农业生产产量急剧上升和生产率迅速提高的原因不是土地、人口和资本存量等物质资本，而是人民大众生产能力和技术水平的提升。所以，他认为传统经济理论中强调物质资本重要性的观点有失偏颇，人力资本对经济增长的贡献远超物质资本。人力资本又包括质和量两个方面的内容：质指的是技术、知识等可以影响人生产能力和生产效率的东西；量指的是社会中所有从事工作的人数及其百分比。因此，要提高农民收入、农业生产效率，就应该加大人力资本投入，即加大农业技术推广、大力推行贫困地区义务教育、加大农村教育基础设施建设和教育师资投入等。

舒尔茨对人力资本投资的形式作出了具体描述，如：医疗和保障投资，初、中和高等教育投资，在职人员职业技能培训投资，社会组织的专为成年人提供学习项目的投资，等等。进一步强调不论是体能还是智能，先天还是后天，通过教育和培训都能够提升培养对象的素质水平，是促进经济发展的重要因素。扶贫的攻坚拔寨阶段是对帮扶对象进行人力投资发展的阶段，要想改变贫困地区的贫穷现状，提高贫困对象的能力是促进当地经济发展的重要因素。

运用人力资本理论进行分析，就是需要通过人口智力去获得社会资源得到生活补给来改变贫穷落后，需要加强教育对贫困人口素质的提升作用，这对我国贫困地区生产发展起到了广泛的影响，为我国地方政府实施教育脱贫和产业脱贫的规划提供了重要的理论依据。

2.3.3 福利经济学理论

福利经济学是20世纪20年代兴起的，专门研究社会经济福利的经济学理论体系，主张收入均等。经济学家庇古提出，国民收入总量越大、国民收入分配越是均等化，社会经济福利就越大，并从这两个命题出发，提出了社会生产资源最优配置和收入分配均等化的问题。资源的最优配置和收入的最优分配均是社会福利最大化的必要条件，而且实施收入均等化的政策，如征收累进所得税和遗产税以及扩大失业救济和社会救济等措施，可以在不增加国民收入总量的条件下，使社会福利得到改进。根据边际效用递减规律，把富人的一部分收入转移给穷人，穷人增加的效用要远远高于富人减少的效用，从而使社会福利达到最大化，这也是缓解贫困的有效途径。因此，政府应该实行再分配政策，完善转移支付制度和社会保障制度，对贫困人口给予补助，提高贫困人口的生活水平，实现社会公平。阿玛蒂亚·森进一步发展了福利经济理论，其研究不只局限关注国民收入、效率，同时还关注贫困人口的权利和能力，关注公平、正义等问题。根据阿玛蒂亚·森的理论，社会福利水平的提高是来自于个人能力的提高，人们要多关注贫困人口的基本生活保障条件，如基础教育、医疗卫生、住房等，提高贫困人口的社会生活水平。因此，福利经济理论认为，政府要加大对农村贫困地区的财政扶贫资金投入，加强教育、医疗等社会事业的发展，促进公共服务均等化，让贫困人口享受到平等的待遇，加快脱贫步伐。

2.3.4 贫困恶性循环理论

1953年，美国经济学家拉格纳·纳克斯提出“贫困恶性循环”理论，该理论指出，发展中国家之所以出现贫困问题，并不能笼统地归因于国内的内在资源禀赋方面的不足，它们贫困问题的存在是因为国内存在着大大小小若干个

相互作用、相互制约、相互关联的“恶性循环”，正是这些“恶性循环”使得这些国家长期在贫困中徘徊，很难推进经济发展进步。导致贫困“恶性循环”的原因很多，最根本的方面是资本缺乏，资本先天形成不足。而导致资本先天形成不足的原因是发展中国家的国民收入和国家收入偏低，其低储蓄率也没有达到经济正常发展的标准。低储蓄率是这些国家的显著标志，而低储蓄率又使得资本先天形成不足，从而影响劳动生产率的提高，这样周而复始就形成了一种恶性循环。同时，发展中国家国民的低收入代表了低购买力，低购买力会导致社会投资不足，进而影响劳动生产率的提高，较低水平的生产率会反作用于国家和国民收入，导致收入水平偏低。纳克斯认为，贫困恶性循环的原因主要是两个方面：一是供给方面，“低收入—低储蓄能力—低资本形成—低生产率—低产出—低收入”的恶性循环；二是需求方面，同样存在着一个“低收入—低购买力—投资引诱不足—低资本形成—低生产率—低产出—低收入”的恶性循环。供给和需求两个贫困循环相互作用、互相影响，就形成了发展中国家难以突破的“贫困陷阱”。要打破贫困恶性循环，必须大规模增加储蓄，扩大投资，形成各行业的相互需求，使恶性循环转为良性循环，“供给创造需求”。

2.3.5　可持续发展理论

可持续发展理论是 20 世纪 80 年代末形成的一种新的发展理论，是对传统发展理论的扩展和改进，该理论对发展赋予了新的内涵。自 20 世纪 90 年代以来，“可持续发展”思想日益得到学界的普遍认可，“可持续发展”理论已经从单纯的理论学术研究变成了各个领域发展的一种追求模式。在可持续发展理论中，包含着两个基本的观念和关键性的组成部分：穷人的需要和需要的满足。贫困人口的需要是多方面的，但是他们这种需要的满足必须被限制在一定的范围内，一旦超出这个范围，就会对生态环境造成破坏，生态的不平衡在未来的某一时期又会反作用于经济，制约局部甚至整个经济的发展，使贫困人口陷入更加贫困状态，形成新一轮的恶性循环。而要避免这种不可逆转状况的出现，我们必须协调好几个关键性的方面：要做好收入的再分配，使社会收入分配更加公平、合理，避免人们为了短期利益而以牺牲环境为代价；增强贫困群众在面对突发性状况时的应对能力，如自然灾害、失业、农产品价格下降等；广泛地提供可持续生存的基本条件，如卫生、医疗、教育等；满足贫困者的基本生活需要，为贫困者提供公平的择业和就业机会。可持续发展涉及经济、社会和文化、技术，以及自然环境等多领域，是个综合概念，它体现了一国的人口、资源和环境与发展之间的利益协调和公平。可持续发展把发展与环境融合为一个有机整体，包括五方面的内涵：一是可持续发展不能影响经济增长，特别是对穷国或贫困地区经济增长要有促进，但发展不等于可持续，单纯的经济增长也不等于发展，可持续发展不等同于简单的平衡；二是可持续发展要以自然资源为基础，要同周边环境的承载力相协调；三是可持续发展要以提高全社会的生活质量为目标，要同社会前进相适应；四是可持续发展必须承认并要求所提供的产品或服务体现自然资源的内在价值；五是实施可持续发展应以适宜的法律和政策体系为条件，注重“公众参与”及“综合决策”。

2.4 财税政策支持脱贫攻坚的作用机理

2.4.1 公平收入分配

收入差距的形成是多种因素共同作用的结果，其中包括个人禀赋、社会的制度环境以及地域文化特征。为营造一个更加公平的社会竞争环境，政府有义务使每个人尽可能地站在同一起跑线上，为此就要实现教育、医疗等社会基本公共服务的均等化，而财税政策理应成为这项工作的重要工具。一方面，为实现公平竞争的社会环境而加大对社会基本公共服务的支出力度，通过有效的竞争实现收入分配中的纵向公平；另一方面，针对市场竞争过程中产生的收入分配差距进行再分配，在纵向收入分配公平的基础上进一步实现收入分配中的横向公平。目前，纵向公平所需的社会制度环境还存在很大的不足，需要进一步完善相关的外部环境，如教育、医疗、养老以及二元户籍制度等，同时，需要加大对贫困人口的保障性投入，完善相关基本保障制度，如五保户、低保户、大病保险等制度。

2.4.2　优化资源配置

稀缺资源实现有效开发、合理使用一直是经济学研究的重要课题，同时也是政府资源管理的主要目标。贫困地区的资源开发不合理、使用效率低下，致使资源优势未能发挥促进地方经济发展、提高人民生活水平的功效。为促使资源的优化配置，促进贫困地区脱贫致富，政府可以通过有效的引导，对贫困地区资源开发和保护提供必要的、适当的财税政策优惠与扶持，充分发挥公共财政“四两拨千斤”的作用。一是为了资源的合理、有效、可持续的开发利用和生态保护，实现人与自然的和谐发展；二是充分利用贫困地区的资源优势，不断提高人民生活水平，实现贫困地区、人口脱贫致富。

2.4.3　突破发展瓶颈

脱贫攻坚需要资金、技术、人才等多种关键要素的支持，而财税政策对于突破这些发展瓶颈能够起到十分有效的作用。当前，农村扶贫攻坚资金严重不足、技术普遍落后、人才极度缺乏，对扶贫工作产生了严重的阻碍，需要通过政策引导、财政扶持以及税收激励来化解。例如，直接投入可以增加扶贫资金供给；财政补贴可以支持技术成果的转化及扶贫相关产业发展；税收优惠可以带动社会资金进入农村和农业，减轻贫困人员生产经营负担；财税激励可以辅助人才培养。通过财税政策的激励和引导，把扶贫的关键要素汇聚到农村贫困地区，有效解决扶贫要素瓶颈，为扶贫事业发展提供强大的后盾，帮助贫困地区脱贫致富。

2.4.4　维护社会稳定

稳定的社会是经济发展的前提，而经济发展和社会稳定需要满足两个基本条件，即资源的最优配置和收入的最优分配。扶贫的目的是增加穷人的效用，实现国民收入在社会成员中的再分配，贫富差距控制在公民可接受的范围。现阶段，对特困地区扶贫财税政策大多采取的是一种“两轮驱动”的模式，即坚持“输血”型的社会保障政策与“造血”型扶贫开发政策相结合。简单的“输血”财税扶贫政策会使得贫困人口减弱劳动积极性，不愿意付出劳动获取所得，而目前实施的“造血”财税扶贫政策是以县级或者村级为基本的行政单位，农民需要参与进来才能获得一定收获，但部分困难人群根本无法参与进来，如五保户、高龄贫困人群等，所以必须将二者相辅相成，取长补短，才能形成一个完整的扶贫政策体系，维护社会的稳定。

2.4.5 实现社会共享

共享是中国特色社会主义的本质要求。从逻辑上看，共享发展内含扶贫要求，扶贫是共享发展的重要阶段性任务。共享发展理念下的财税扶贫，是指通过转移支付、财政直接投入、税收优惠等财税政策工具进行扶贫。共建是共享发展的内在基础，也是扶贫攻坚必须坚持的基本原则。实现共建共享需要政府、市场、社会组织等共同发力。在财税扶贫实践中，通过政府购买服务、政府与社会资本合作（PPP）、社会组织与企业合作等模式的运用，不断打造政府、市场和社会组织的有机配合、高效协同的扶贫体系。

现实生活中，贫困发生的机制较为复杂，一些关键领域如交通、水利等，既可能是贫困产生的重要因素，也自然成为消除贫困的重点发力对象。因此，财税促进共建共享必须加大上述关键领域参与共建的激励力度，有效、有力地激励国家治理各主体参与共建，推动贫困地区精准脱贫。从共享的主体看，指向全体人民；从共享的对象看，指向一切发展成果。全面共享要求全体劳动人民共同享有发展的全部最终成果，体现的是以人民为中心的发展思想，不仅包含量的要求，也包含了质的规定。因此，财税促进全面共享不仅要求消除贫困带来的区域性的落后现状，还应聚焦解决贫困群体因为经济困难等多种原因无法享受民生类基本发展成果的现实问题。

共享的本质可以理解为一个公平正义的问题。按照马克思主义生产力与生产关系的分析框架，共建共享、全面共享可以理解为生产关系层面公平正义的实现问题，而共富共享则体现为生产力层面公平正义的实现问题。共享最终目标就是共富共享，因此，财税促进共同富裕的本质是在不断发展中破解前进中的问题，在生产力的高度发达的层面上消除社会发展进程中的不公平问题，实现更高质量、更高水平的共享发展。

老少边穷地区的人民群众在革命胜利、民族团结、国家统一、生态保护等

许多方面做出了不可替代的突出贡献，然而，他们中的许多人还在贫困线下挣扎。充分运用包括财税政策和措施在内的各种手段促进老少边穷地区扶贫攻坚，使这些地区的人民群众充分享受到经济发展和社会繁荣带来的幸福生活，是中国共产党和人民政府重要的工作目标，也是扶贫、财政、税务等相关部门的应尽责任。

第 3 章

江西省脱贫攻坚现状及问题分析

3.1 江西省贫困情况简介

3.1.1 全省贫困人口概况

江西省作为传统农业大省和中部欠发达省份，全省共辖 11 个地市 100 个县（市、区），总面积 16 余万平方公里。江西省实现全面小康完成脱贫攻坚的工作重点在农村，难点在于农民增收，核心在对弱势边缘群体的发展扶持。在以工业化为主导的现代社会中，江西省复杂地形成为制约地区发展的重要障碍因素。江西省南部多丘陵，西部是罗霄山脉，东部是武夷山脉，多山区多丘陵的地貌带来了几个方面的问题：一是交通不便，影响了人口、物资、信息的交流。对山区来讲，同样的产品运输时间长、成本高，得到的收益少；二是生产活动的比较成本较高，收益较为有限；三是进行道路、水利、电力、通信、城镇等项目建设时，投资费用昂贵。因此，江西省脱贫攻坚任务十分严峻，为实现 2020 年与全国同步实现全面小康，从 2011 年起，江西省深入开展脱贫攻坚各项工作，全省贫困人口由 2011 年的 438 万人减少到 2020 年的 9.6 万人，贫困发生率由 2011 年的 9.76% 下降到 2019 年的 0.27%，如图 3－1 所示。

2017 年，井冈山市通过第三方严格评估核查，兑现在全省率先脱贫摘帽的“军令状”。全市贫困人口大幅减少到 539 户 1417 人，贫困发生率降至 1.17%，远远低于国家 2% 的贫困县退出标准。贫困户人均纯收入增长到 4500

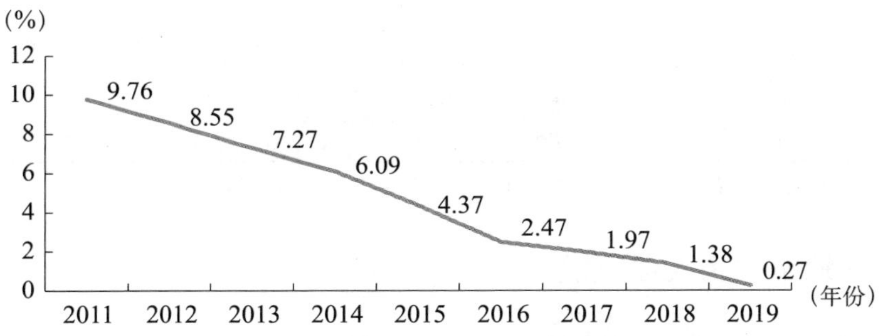

图 3－1　2011～2019 年江西省贫困发生率变化

资料来源：历年《江西统计年鉴》及江西省政府文件整理。

元以上，贫困村减少到 6 个，退出率达 83%，远远高于省定 60% 的贫困县退出要求。2018 年，瑞金市、万安县、永兴县、上饶县、横峰县、广昌县等六县提出申请拟退出贫困县。2011～2018 年，江西省贫困地区农民人均纯收入年均增长 12.7%，高出全省平均水平 4.4 个百分点（见表 3－1），贫困地区面貌发生显著变化。据国家统计局居民收支及农村贫困监测调查显示，2018 年，贫困地区农村居民人均可支配收入为 10371 元，比上年增加 994 元，扣除价格因素，实际增长 8.3%。江西省贫困地区农民收入得到有效提高，名义增速高于全国农村 3.3 个百分点，高于全省农村 2.5 个百分点。[①] 但由于历史欠账较多等原因，截至 2019 年底，江西仍有 9.6 万贫困人口，这些尚未脱贫的贫困人口的贫困程度深、发展难度和返贫压力大，急需加大扶贫开发力度。

表 3－1　　江西省 11 个地市农村人均纯收入情况　　单位：元

地市	2011 年	2012 年	2013 年	2014 年	2015 年	2016 年	2017 年	2018 年
南昌	8483	9730	10806	12414	13693	14952	16364	17866
景德镇	7676	8864	10013	11547	12736	13878	15095	16510
萍乡	8598	9999	11099	12769	14046	15274	16589	18012
九江	6777	7785	8805	10139	11143	12157	13303	14482
新余	8813	10048	11173	12831	13986	15203	16581	17933
鹰潭	7623	8802	9832	11350	12383	13534	14737	16145
赣州	4683	5300	6014	6946	7786	8729	9717	10782
吉安	6308	7102	8030	9262	10355	11380	12543	13820
宜春	6981	8052	9115	10526	11621	12643	13747	14975

① 数据来源：《中国贫困监测报告（2019）》。

续表

地市	2011 年	2012 年	2013 年	2014 年	2015 年	2016 年	2017 年	2018 年
抚州	7088	8095	9059	10410	11441	12447	13563	11441
上饶	6133	7011	7919	9102	10112	11103	12174	10112

资料来源：《江西统计年鉴》（2012～2019 年）整理。

3.1.2 地市贫困人口概况

贫困人口分布不均是江西省贫困的重要特征之一，由于历史因素的影响，赣州、吉安、上饶等革命老区的绝对贫困人口占全省贫困人口的近2/3，且它们的贫困发生率也远远高于其他地区（见表3－2）。另外，地理位置因素也造成了江西省贫困人口的分布不均匀，地处山区的赣州、吉安、上饶、抚州、九江由于受交通不便等因素的影响，农村经济发展较为落后，农民人均纯收入低于全省平均水平，贫困人口较为集中。

表3－2　江西省11个地市贫困发生率　单位：%

地市	2011 年	2012 年	2013 年	2014 年	2015 年	2016 年	2017 年	2018 年
南昌	2.08	1.81	1.55	1.37	1.18	0.48	0.34	0.20
景德镇	3.22	2.73	2.44	2.35	1.55	1.06	0.90	0.66
萍乡	4.86	3.99	3.70	3.43	2.66	2.17	1.13	0.63
九江	9.52	8.35	7.25	6.31	4.90	2.61	2.22	1.44
新余	2.46	2.15	2.04	2.09	1.57	0.66	0.59	0.50
鹰潭	3.82	3.34	3.13	3.02	1.85	0.95	0.75	0.46
赣州	21.26	18.56	16.60	11.43	8.22	5.34	4.38	2.36
吉安	12.35	10.89	9.28	7.62	4.54	1.18	0.79	0.45
宜春	3.91	3.46	3.38	3.29	2.71	1.16	0.89	0.56
抚州	8.03	7.04	6.01	4.75	3.16	1.30	0.86	0.55
上饶	10.38	9.22	8.11	7.61	5.66	3.54	2.74	1.51

资料来源：《江西统计年鉴》（2012～2019 年）整理。

3.2 江西省脱贫攻坚历程与现状

作为脱贫攻坚主战场，江西省100个县（市、区）中，有原中央苏区县54个、罗霄山片区县17个、贫困县25个，“十三五”时期有贫困村2900个、深度贫困村269个。为深入贯彻习近平新时代中国特色社会主义思想和党的十

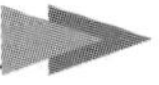

九大精神，按照党中央加快老区发展的有关部署，近年来，中共江西省委、江西省政府把脱贫攻坚作为最重要的民生工程来抓，围绕乡村振兴战略和扶贫攻坚大局，牢牢树立全域旅游、高质量发展理念，有效推动了全省乡村旅游扶贫工作提质升级，取得阶段性显著成效：建档立卡贫困人口由 2013 年末的 346 万人减至 2019 年末的 9.6 万人，贫困发生率由 9.21% 降至 0.27%，减少规模前所未有，脱贫攻坚质量和成效跃上新台阶。

3.2.1　江西省扶贫开发发展历程

由于我国现有的行政体制下，中央政府和地方政府之间是垂直的上下级管理关系，地方政府在政策制定和执行方面，基本是遵照中央政府的政策而进行部署实施。因此，江西省的扶贫开发历程的阐述将基本引用全国模式。扶贫开发经历了救济扶贫（1949～1978 年）、改革扶贫（1978～1985 年）、开发扶贫（1986～1993 年）、攻坚扶贫（1994～2000 年）、定点扶贫（2001～2010 年）、扶贫攻坚（2011～2015 年）、脱贫攻坚（2016 年至今）几个阶段，是一以贯之、与时俱进和动态调整的过程，也是扶贫开发工作由量变向质变重大飞跃的过程。

3.2.1.1　救济扶贫阶段（1949～1978 年）

在新中国成立之初，贫困是我国的一种普遍现象，政府部门自成立之时就致力于发展生产，改善人民的生活状况。1949 年新中国成立后，土地改革使 3 亿多无地少地的农民分得 7 亿多亩土地，每年免去了 350 亿千克粮食的地租，消灭了封建地主阶级的剥削，在生产力水平很低的条件下使贫困现象大为减少。从 20 世纪 50 年代初期的农村合作化起，到六七十年代的人民公社这段时间内，国家工业化的建设主要是通过农业、农村来提供建设发展所需要的资源。具体表现为：对农业生产资料、农产品等实行指令性低价收购，在社区内实行平均分配等制度安排。通过这些措施，虽然对国民经济和社会发展起到了一定的作用，但是人民群众的生活水平没有得到根本性的改变，仍然处在绝对贫困线下。这一时期的扶贫工作是以社会救济为主的输血式扶贫计划。在高度计划经济体制期间实施的社会救济的扶贫政策，确保了处于贫困状态下的民众的生存需求，但只能暂时地缓解贫困群体的生活困难，不能有效增强贫困群体的自身发展能力，无法从源头上解决贫困问题，这就造成贫困现象的长期存在，阻碍了社会生产力的增长和经济的发展。

3.2.1.2 改革扶贫阶段（1978～1985 年）

1978 年，按中国政府确定的贫困标准统计，贫困人口为 2.5 亿人，占农村人口的 30.7%。导致这一时期大面积贫困的原因是多方面的，最主要的是农业经营体制不合理，造成农民生产积极性低下。只有改变这一现状，才能降低贫困发生率。自 1978 年开始，中国进行了土地经营制度的改革，家庭联产承包责任制走上中国农业经营的历史舞台。这种土地经营制度的变革，极大地激发了农民的劳动热情，从而极大地解放了生产力，提高了农村土地资源的使用效率。在改革土地制度的同时，进一步放宽农产品的价格管制，制定鼓励乡镇发展企业的政策，为中国农村脱贫致富提供了有利条件。一系列的改革措施，促进了中国经济的发展。同时，这些改革的成果，又通过农产品价格提升、农业产业结构升级以及农民在非农领域就业三个方面，重新分配给贫困人口，大幅度缓解了农村的贫困问题。据统计，1978～1985 年，农村人均粮食产量增长 14%，棉花增长 73.9%，油料增长 176.4%，肉类增长 87.8%，农民人均纯收入增长了 2.6 倍；没有解决温饱的贫困人口从 2.5 亿人减少到 1.25 亿人，贫困发生率下降到 14.8%；贫困人口平均每年减少 1786 万人。这一时期农村的贫困现象有所减缓，得益于农村生产经营制度改革和农产品价格的提高，增加了农民的收入，推动了农业生产率的提高。农村扶贫方式也由解放初期分散的救济式扶贫不断向发展带动式扶贫模式演变。

3.2.1.3 开发扶贫阶段（1986～1993 年）

20 世纪 80 年代中期，随着改革开放的深入，绝大多数农村地区凭借自身发展优势，经济快速增长。也有少数农村地区，受各种客观条件的限制，经济发展较为缓慢，在全国范围内出现了经济发展水平差距扩大的趋势。在农村，这种发展不平衡问题日益凸显，低收入人口中有相当一部分还没有解决温饱问题。为了有效地解决农村人口脱贫问题，从 1986 年开始，中国政府采取了成立专门的扶贫机构、安排专项扶贫资金、制定专门优惠政策等一系列重大措施。同时，以开发式扶贫方式取代传统的救济式扶贫方式，成为中国政府践行反贫困行动的重要举措，并在全国范围内开展了有组织、有计划的大规模的扶

贫开发。经过8年的不懈努力，到1993年，被列为国家重点扶持的贫困县的农村人口人均纯收入从206元增加到483.7元，农村贫困人口由1.25亿人减少到8000万人，平均每年减少640万人，年均递减6.2%；贫困发生率从14.8%下降到8.7%。江西省作为传统的革命老区，部分县处于山区，有25个县被确定为国家级贫困县，获得中央政府财政扶贫政策的扶持。这一阶段，国家确立了开发式扶贫的战略，主要从输血上保证扶贫地方的基本生存，从造血上激发地方的经济发展活力，提升其经济发展的长久可持续能力。我国政府部门也倡导实施了“对口帮扶”的扶贫政策，号召社会各界力量和东部发达省份积极投入到中西部偏远贫困地区的扶贫开发事业当中。

3.2.1.4　攻坚扶贫阶段（1994~2000年）

1994年3月，《国家八七扶贫攻坚计划》公布实施，标志着中国扶贫开发工作进入了前所未有的攻坚克难阶段。“八七”扶贫攻坚计划明确提出，要集中全社会的人、财、物力，动员社会各界力量，力争用7年左右的时间，基本解决农村贫困人口的温饱问题。这是新中国历史上第一个扶贫目标、扶贫对象、扶贫措施和扶贫期限都很明确的扶贫开发纲领。到2000年底，“八七”扶贫攻坚计划的目标基本实现。农村尚未解决温饱问题的贫困人口由1993年的8000万人减少到2000年的3000万人，农村贫困发生率从8.7%下降到3%左右。其中，国贫县的贫困人口从1994年的5858万人减少到2000年的1710万人。1986~2000年的15年间，在贫困地区修建基本农田9915万亩，解决了7725万人和8398万头大牲畜的饮水困难。这一时期，我国的财政扶贫资金的倾向性发生变化，开始逐步向个体的贫困农户进行侧重，开发了多种形式的扶贫途经。在基本解决贫困农村地区的温饱问题基础上，通过加大中央财政转移支付的力度，积极推进贫困地区的经济发展，贫困农村地区的基础设施有了较大的改善，贫困农村地区的社会公共服务也得到了很大的提升，农村居民的生活水平和社会保障水平有了显著提高。

3.2.1.5　定点扶贫阶段（2001~2010年）

自2001年开始，随着《中国农村扶贫开发纲要（2001—2010年）》的实施，中国扶贫开发取得了显著成效。一是农村居民温饱问题基本解决。根据经济社会发展水平和物价指数的变化，国家将贫困线从2000年的865元逐步提高到2010年的1274元。依据此标准，农村贫困人口从2000年的9422万人减少到2010年的2688万人，贫困发生率从10.2%下降到2.8%。二是贫困地区生产生活条件明显改善。由于国家不断加大对贫困地区基础设施建设的投入力度，全面地改善了这些地区的生产生活条件。十年间，592个国贫县新增基本农田5245.6万亩，新建、改建、扩建公路95.2万千米，新增教育及卫生用房3506.1万平方米，解决了5675.7万人、4999.3万头大牲畜的饮水困难问题。2010年，全国自然村通路、通电、通电话的比例分别为88.1%、98%、92.9%，农户使用旱厕和水冲式厕所的比重提高到88.4%，贫困地区的村容村貌明显改善。三是贫困地区社会事业不断进步。由于国家重视农村义务教育，扫盲工作取得积极进展。2010年，国贫县7～15岁学龄儿童入学率达97.7%，接近全国平均水平。青壮年文盲率为7%，与2002年相比下降了5.4个百分点，平均受教育年限达到8年。新型农村合作医疗（简称新农合）实现全覆盖，国贫县参合率至2010年达到93.3%，及时就医比达到91.4%，实现了乡乡有卫生院，绝大多数行政村有卫生室。同时，贫困地区人口和计划生育工作及公共文化服务体系建设均明显加强。四是贫困地区生态环境恶化趋势初步得到遏制。2002～2010年，国贫县退耕还林还草14923.5万亩，新增经济林22643.4万亩，饮用水水源受污染的农户比例从15.5%下降到5.1%，获取燃料困难的农户比例从45%下降到31.4%。这一时期，主要是通过加大对农村基础设施、教育的投入，加快了农村地区的发展，同时建立了农村最低生活保障制度（简称低保制度），政府部门将生活水平处于低保水平以下的农村贫困人口纳入低保政策的帮助对象当中，每月为低保群体提供固定的生活补贴资金。

3.2.1.6　扶贫攻坚阶段（2011～2015年）

2011年后，我国扶贫开发特点主要体现在以下几个方面：第一，贫困标准提高到2300元新标准后，扶贫人口从2010年的2600多万人扩大到1.4亿人，这反映了我国在经济实力增强后更加重视低收入群体尤其是贫困人口民生和发展问题，扶贫开发惠及贫困人口规模和区域扩大，将更多群体和区域纳入扶贫开发的范围，增加了扶贫脱贫任务和规模，与之前的贫困标准提升相比，这次贫困标准提高的幅度最大。第二，制定和出台《中国农村扶贫开发纲要

(2011—2020 年)》，这是我国农村扶贫开发具有指引性的重要政策，标志着我国在上一阶段扶贫工作圆满完成后进入一个新的起点。第三，在扶贫重点和扶贫方式上，由以“整村推进”为核心的扶贫开发转向以集中连片特殊困难地区为主战场，即国家将六盘山区、秦巴山区、武陵山区、乌蒙山区、滇桂黔石漠化区、滇西边境山区、大兴安岭南麓山区、燕山—太行山区、吕梁山区、大别山区、罗霄山区等区域的连片特困地区和已明确实施特殊政策的西藏、四川藏区、新疆南疆三地州作为扶贫攻坚主战场。这一阶段扶贫脱贫效果十分明显，2015 年我国贫困发生率下降至 5.7%，比 2010 年降低了 11.5 个百分点。贫困人口生产生活条件明显提高，文化、教育、卫生、饮水等生活指标都明显改善。据统计，截至 2014 年底，贫困地区农户使用照明电的比重达到 99.5%，饮水无困难的农户比重为 82.3%，贫困地区有文化活动室的行政村比例达到 81.5%，有卫生站（室）的行政村比重达到 94.1%。同时，以连片特困地区为扶贫主战场的扶贫战略也取得了较好的成效。截至 2014 年底，14 个集中连片特困地区贫困人口减少为 3518 万人，比 2013 年下降 15%；贫困发生率为 17.1%，下降 2.9 个百分点。此外，减贫成效的提高进一步推动全面建成小康社会的实现，其中，东部地区全面建成小康社会的实现程度为 88%，中部地区为 77.7%，西部地区为 71.4%。对于江西革命老区的扶贫开发工作，2012 年，国务院出台了《关于支持赣南等原中央苏区振兴发展的若干意见》，决定加大对赣南等原中央苏区的财政扶贫力度，以提高当地社会经济发展水平和人民生活水平。2013 年，江西省政府着力推进了赣南等原中央苏区和集中连片特困地区的扶贫攻坚，落实赣南等原中央苏区中央预算内投资 48 亿元，省财政配套扶贫资金 5.3 亿元，统筹各类社会资金 50 亿元，以支持贫困地区的扶贫开发事业。2015 年，江西省政府发布了《关于着力推动赣南等原中央苏区加快发展的意见》，意见中着重强调要保证 2020 年全面脱贫必须加大精准扶贫力度这一重要指引，必须将扶贫开发事业与政府绩效挂钩，与贫困居民获得感和幸福感的民生工程相挂钩，对全省精准扶贫攻坚任务进行了部署，强调做好精准扶贫的各项攻坚任务的合理分工，着力实施精准扶贫和精准脱贫。

3.2.1.7　脱贫攻坚阶段（2016 年至今）

2015 年 11 月 28 日，中央扶贫开发工作会议要求坚决打赢脱贫攻坚战，确保到2020年所有贫困地区和贫困人口一道迈入全面小康社会。2017年10月18日，党的十九大报告中再次强调，要坚决打赢脱贫攻坚战，确保到2020年底我国现行标准下农村贫困人口实现脱贫，贫困县全部摘帽，解决区域性整体贫困，做到脱真贫、真脱贫。自此，扶贫工作由扶贫攻坚阶段进入到脱贫攻坚阶段，在坚持精准识别、精准帮扶、精准管理和精准考核“四个精准”的基础上，在扶贫对象、扶贫方式和扶贫监管等内容上进行深化，即“扶贫对象要精准、项目安排要精准、资金使用要精准、帮扶措施要精准、因村派人要精准、脱贫成效要精准”等“六个精准”，分类施策，因村施策，提高扶贫脱贫精准性。2016年8月，江西省发布了《江西省精准扶贫政策方案》，明确了江西省精准扶贫攻坚的目标任务和工作部署，确定了十大扶贫工程，出台了《关于坚决打赢脱贫攻坚战的实施意见》，向全省各地各部门发出“动员令”。

3.2.2 江西省脱贫攻坚现状

为深入了解江西省脱贫攻坚现状，本书结合江西省脱贫攻坚相关文件，从脱贫攻坚具体举措进行阐述，具体包括产业扶贫、就业扶贫、搬迁扶贫、生态扶贫、教育扶贫、健康扶贫、危房改造、社保兜底保障、基础建设、深度贫困村等十个方面，全面深入分析各项措施的具体做法。①

3.2.2.1 产业扶贫方面

一是推进贫困地区特色产业发展转型升级。积极依托农业结构调整和高标准农田建设，因地制宜加快发展对贫困户增收带动作用明显的稻米、蔬菜、果业、畜牧业、水产、休闲农业和乡村旅游、茶叶、中药材、油茶等9大特色产业，形成特色产品。推动贫困地区第一、第二和第三产业融合发展，支持在贫困地区建设现代农业示范园和产业园，引进培育农产品精深加工企业，带动特色产业深度开发，推进农产品全产业链发展，打造一批贫困人口参与度高的特色产业基地。将产业扶贫纳入贫困县扶贫成效考核和党政一把手离任审计，引导各地发展长期稳定的脱贫产业项目。

二是强化提高产业扶贫组织化程度。完善新型农业经营主体与贫困户利益

① 《中共江西省委江西省人民政府关于打赢脱贫攻坚战三年行动的实施意见》。

联结机制，推广脱贫合作、订单帮扶、生产托管等有效做法，实现贫困户与现代农业发展有机衔接。发挥基层组织在组建合作社中的作用，大力推广村干部与能人带头领办，村党员主动参与、村民自愿参与、贫困群众统筹参与的“一领办三参与”产业扶贫合作模式。支持贫困户以各种要素参与或入股合作社，支持合作社和龙头企业与贫困户建立紧密的经营性、工资性、生产性、政策性、资产性等多种形式收益联结，确保贫困户获得稳定收益。

三是建立扶贫产业发展技术帮扶机制。依托省、市、县、乡四级产业技术专家和服务团队，深入开展扶贫产业技术指导服务，实行扶贫产业发展技术包干服务，确保每个发展产业的贫困户有一名专家或技术人员全过程技术跟踪指导服务。鼓励各地通过政府购买服务方式，向贫困户提供便利高效的农业社会化服务。

四是深入推进电商扶贫。加强电商扶贫基础设施建设，支持贫困县域建立电商公共服务中心（园区、基地）、物流仓储中心，完善电商扶贫公共服务体系（物流配送体系），加大贫困地区电商人才培养，促进扶贫产品产销衔接及上网销售。拓宽扶贫产品销售渠道，深化与电商平台对接合作，开展进学校、医院、企业、机关食堂和交易市场等“五进”活动，建立农产品定向直销模式。支持打造以“社会扶贫网”“邮乐购”“供销e家”“赣农宝”“和我信”等为代表的涉农电商扶贫平台，推动把贫困地区的产品优势转化为市场优势。

五是着力促进贫困地区集体经济薄弱村发展壮大。推动贫困地区农村资源变资产、资金变股金、农民变股东改革，通过盘活集体资源、入股或参股、量化资产收益等渠道，增加集体经济收入。落实国家光伏扶贫政策新要求，调整完善建设模式、建设资金、收益分配等，做到“规划、设计、施工、验收、运维”五统一，注重质量安全，做好运行维护，建立协调机制，明确职责分工，压实主体责任，合力推动光伏扶贫健康有序发展。

3.2.2.2　就业扶贫方面

一是贫困人口技能脱贫。鼓励职业院校（技工院校）面向贫困家庭未升学初高中毕业生、青壮年劳动力等群体，开展多种形式的职业教育培训和劳务输出、乡村旅游、生态护林、林下经济、节能环保等相关职业技能培训，实现脱贫举措与技能培训精准对接。推动有意愿的贫困家庭子女至少掌握一门就业前景好的专业实用技能，引导订单式、学徒制等校企联合培养类职业教育项目，优先招收贫困家庭子女就读。

二是推进外出务工转移就业。开展就业援助月、春风行动、民营企业招聘周等专项活动，加强地域间对口劳务协作，支持贫困地区人员外派就业。推动贫困地区开展对外家政服务企业供需对接，组织贫困地区有意向从事家政服务的贫困人口参加养老护理员、钟点工、育儿嫂、月嫂、保洁以及餐饮、住宿、理发等生活服务领域技能培训，引导更多贫困人口通过家政服务就业。拓宽贫困劳动力外出务工就业主渠道，逐年提高从贫困县和建档立卡贫困人口外派劳务人员比重。

三是强化就业脱贫平台建设。继续支持创建就业扶贫园区、龙头企业扶贫基地、就业扶贫车间、新型农村合作社、非正规就业组织、就业扶贫专岗托底等6类就地就业平台，吸纳贫困劳动力就近就地就业，实现稳定增收。鼓励贫困地区发展生态友好型劳动密集型产业，通过岗位补贴、场租补贴、贷款支持等方式，因地制宜推进就业扶贫车间建设。发挥扶贫资金、就业补助资金和其他各类资金作用，积极开发就业扶贫专岗，鼓励农村劳动力返乡创业带动就业。

四是加强贫困地区中等职业教育发展。优先面向贫困县重点支持建设县级职业教育中心（职业高中）或技工院校，完善与区域产业转型升级相适应的专业设置与动态调整机制。支持集中连片特困地区建档立卡的家庭经济困难初中毕业生到省外经济发达地区接受中等职业教育。

3.2.2.3　扶贫搬迁方面

严格落实易地扶贫搬迁政策要求和规范标准，严守搬迁贫困对象精准“界线”、人均住房面积不超过25平方米“标线”、户均自筹不超过1万元“底线”、项目规范管理“红线”的四线要求，坚持“搬迁是手段、脱贫是目的”的要求，确保搬得出、稳得住、能致富。

一是强化搬迁安置项目建设。结合新型城镇化和新农村建设，大力推进统规统建、集中安置方式，加强易地扶贫搬迁安置项目建设督促检查，确保完成“十三五”全省易地扶贫搬迁任务。

二是强化搬迁后续脱贫发展。逐户到人落实后续脱贫发展举措，建立健全后续帮扶台账。通过发展优势农业产业、扶持创业、促进就业、设置公益岗位、建设扶贫车间等，帮助贫困搬迁户实现稳定增收、稳定脱贫。在保障安置住房建设、基础设施和公共服务配套的基础上，结余的中央和省级安排的易地扶贫搬迁对个人的补助资金及贴息资金，可在搬迁贫困群众后续扶持资金有保障的前提下，统筹用于其他脱贫攻坚项目。

三是强化搬迁安置区社区管理和服务。建立健全搬迁安置点社区管理服务机制，创新管理方式，落实搬迁群众上学就医、社会保障等政策，切实做好社区管理、搬迁群众心理疏导等服务工作，引导搬迁群众培养良好生活习惯，尽快融入新的生活环境。

3.2.2.4 生态扶贫方面

一是加大贫困地区生态保护修复力度。人工造林项目、重点防护林工程封山育林计划优先向贫困县倾斜安排，到2020年贫困地区乔木林单位面积蓄积较“十二五”末有所提高，流域生态补偿资金对贫困县的补助比例提高到30%以上，探索多种生态价值转换模式。深入推进生态扶贫试验区建设，支持上犹县、莲花县、遂川县、乐安县4个生态扶贫试验区每区建设1～2个以制度创新为重点的综合性实验平台。

二是强化贫困地区森林生态补偿。适时提高生态公益林补偿标准和天然林管护补助标准，在“五河”及东江源头等地区探索非国有森林赎买（租赁、协议封育）试点，2018～2020年，每年安排贫困县天然林管护补助资金不低于1.2亿元，新增生态护林员重点向贫困县倾斜安排。

三是加强贫困地区湿地保护与恢复。优先支持贫困县申报创建国家和省级湿地公园、申报中央财政湿地保护补贴项目，鼓励各地在湿地公园建设过程中吸纳建档立卡贫困人口就业、增加收入，对贫困县内经正式批复设立的国家和省级湿地公园给予奖励。推进鄱余万都滨湖四县小康攻坚试点，切实做好鄱阳湖湿地保护，加大鄱阳湖湿地修复、湿地生态系统保护、湿地资源可持续开发力度，推进鄱阳湖国家重要湿地生态效益补偿试点。

3.2.2.5 教育扶贫方面

一是全面推进教育扶贫政策落实。持续深化贫困家庭子女就学资助、留守儿童教育关爱、帮扶建档立卡贫困家庭高校毕业生初次就业全覆盖，实现

“三个确保、两个提供”，即：确保建档立卡学龄前儿童都有机会接受学前教育，确保贫困家庭义务教育阶段适龄人口都能接受九年义务教育，确保贫困家庭高中阶段适龄人口都能接受高中阶段教育特别是中等职业教育，对贫困家庭高等教育阶段适龄人口提供更多接受高等教育的机会，对贫困家庭学龄后人口提供适应就业创业需求的职业技能培训。

二是全面改善贫困地区办学条件。统筹推进乡镇特别是农村留守儿童集中地区寄宿制学校建设，促进寄宿制学校合理分布，提高农村留守儿童入住率。改善特殊学校和普通学校附属特教班办学条件，实现常住人口30万人及以上县（市、区）建设一所特殊教育学校，30万人以下的开设特教班，提高贫困地区残疾儿童教育普及水平。加快推进贫困地区全面改善农村薄弱学校基本建设，确保到2020年全面完成贫困县义务教育薄弱学校基本办学条件改善任务。继续实施好国家扶贫开发重点县营养改善计划。

三是全面推进贫困地区高校招生倾斜和服务能力提升。按照国家要求，落实好国家贫困专项、高校专项、地方专项三个专项计划，继续实施江西省苏区专项招生计划。提升高校服务能力，充分发挥高校人才、学科、科技、文化、管理等资源优势，依托思想库和智囊团、联合企业和校友等力量，引导医学院校及附属医院资源、涉农高校科技资源向贫困地区聚集，主动围绕贫困地区经济社会发展重大问题，找准高校科研项目与当地资源禀赋、区位优势的结合点，提升高校服务贫困地区的能力。

四是全面加强贫困地区教师队伍建设。深入实施乡村教师支持计划，改善贫困地区乡村教师待遇，全面落实集中连片特困地区乡村教师生活补助政策。加大贫困地区“特岗计划”教师补充力度，深入推进义务教育学校校长教师交流轮岗。组织开展推普脱贫学习培训，提高贫困地区群众语言文字应用水平，增强就业竞争力，促进就业脱贫。

3.2.2.6 健康扶贫方面

一是推进健康扶贫工程。根据脱贫需求，提高补充保险筹资标准和保障水平，完善贫困人口健康扶贫保障投入增长机制，筑牢基本医保、大病保险、补充保险、医疗救助“四道保障线”，使贫困患者住院最终实际报销补偿比达到90%以上。继续实施贫困人口重大疾病专项救治，加大支出型低收入家庭大病患者及因病致贫对象救助力度，推动困难群众重大疾病免费专项救治，强化医疗救助与大病保险、补充保险在对象范围、支付政策、经办服务和监督管理等方面衔接，落实贫困患者县域范围内住院“先诊疗、后付费”和“一站式”结算，简化定点医疗机构的大病保险和补充保险补偿材料，承办大病保险和补充保险的保险机构应按月及时核报医疗机构“一站式”结算补偿垫付资金。保障贫困人口门诊就医待遇，对确诊患有门诊特殊慢性病的贫困患者，按规定由基本医疗保险、大病保险、补充保险、医疗救助进行报销。

二是加强健康扶贫基层基础建设。支持乡镇卫生院提升医疗卫生服务与健康扶贫能力，实施农村订单定向医学生培养计划，为贫困县的乡镇卫生院招募特岗全科医生，按照国家有关规定，完善乡镇卫生院医疗卫生人才招聘制度，对艰苦边远地区县乡医疗卫生机构适当放宽年龄、学历、专业等要求，并可拿出不超过 30% 比例的岗位面向本县、本市或周边县市户籍人员（或生源）招聘，着力解决基层执业医师紧缺等问题。

三是落实妇幼重大公共卫生服务项目举措。继续实施贫困地区新生儿疾病免费筛查项目和儿童营养改善项目，深入推进贫困妇女“两癌”免费检查工作，落实贫困县农村妇女“两癌”免费检查任务，对符合救助条件的确诊患者实施救助，实现建档立卡农村贫困妇女和贫困县农村妇女“两癌”免费检查救助全覆盖。

3.2.2.7　*危房改造方面*

一是完成贫困地区农村危房改造计划。规范简化农村危房改造对象认定和危房鉴定程序，健全农户申请和村级评议、乡镇审核、县级复核的三级审核三榜公示对象认定程序机制，全面排查危房，完善存量台账，实施精准管理，做到改造一户、销档一户。2019 年基本完成现有排查确定的 10 余万户四类对象存量危房改造任务，2020 年全面完成后续扫尾任务。对无经济能力、劳动能力的特别困难农户，实施“交钥匙工程”等措施，并鼓励各地创新举措，通过盘活闲置集体资产、采用农房置换或长期租赁等低成本方式，兜底解决特别困难农户基本住房安全问题。

二是强化贫困地区农村危房改造质量安全监管。树立质量安全第一理念，制定农村危房改造基本安全要求，明确规范农村建房质量安全检查要求、建房质量安全验收机制和农房加固改造工程技术要点，加强质量巡查监管，确保加固改造后农房安全。

三是全面强化农村危房改造资金投入和使用管理。进一步加大对农村危房改造对象的帮扶力度，健全完善分类分级补助标准，保障资金安全规范高效运行。

3.2.2.8 保障扶贫兜底方面

一是进一步加强农村低保与扶贫开发两项制度有效衔接，织牢编密农村低保制度对困难群众基本生活兜底保障网络。严格核对困难群众家庭经济状况，落实精准识别和动态管理机制，每年开展一次农村低保专项治理，坚持动态管理下的“应保尽保、应退尽退”。对未脱贫建档立卡贫困户中靠家庭供养且无法单独立户的重度残疾人、重病患者等完全丧失劳动能力和部分丧失劳动能力的贫困人口，予以重点保障。脱贫攻坚期内，对人均收入超过当地低保标准的建档立卡低保对象，可给予一定的渐退期。持续加大农村低保资金投入，到2020年全省农村低保标准高于同期全国扶贫标准40%，全面巩固农村低保兜底保障扶贫成果。

二是加强临时救助工作。对农村贫困群众临时救助标准按照不低于5%的比例上浮。全面建立落实乡镇临时救助备用金制度，提升临时救助时效。

三是力促残疾群体脱贫。夯实贫困残疾人“两不愁、三保障”，确保10.93万建档立卡贫困残疾人实现脱贫目标。有效扩大基本康复服务、家庭无障碍改造覆盖面。实施第二期特殊教育提升计划，落实家庭经济困难残疾学生资助政策，加强对因残、因贫辍学残疾儿童少年复学工作，强化对残疾儿童接受普惠性学前教育资助。促进贫困残疾人就业创业，开展实用技术助残行动和残疾人就业援助月活动，加大助残创业就业基地扶持力度，资产收益扶贫项目优先安排贫困残疾人家庭。筑牢贫困残疾人社会保障，完善困难残疾人生活补贴和重度残疾人护理补贴制度，推动有条件的地区生活补贴对象向低收入、无固定收入等其他困难残疾人拓展，护理补贴范围向非重度智力、精神残疾人拓展，及时提高补贴标准，实现城乡标准统一。继续实施阳光家园计划和政府购买残疾人日间照料服务项目，加大对建档立卡失能重度残疾人照护和托养工作力度，强化困难残疾人多层次多元化托养服务。

3.2.2.9　基础设施方面

一是提升贫困地区交通水平。在贫困地区加快建成外通内联、通村畅乡、班车到村、安全便捷的交通运输网络。抓好“四好农村路”建设，2018 年全省完成 25 户以上自然村通水泥路，2019 年底实现全省所有村民小组通水泥路。推进城乡客运一体化建设，到 2020 年实现具备通客运班车条件的建制村通班车率达到 100%。加快贫困地区农村公路安全生命防护工程建设，基本完成乡道及以上行政等级公路安全隐患治理。推进窄路基路面农村公路合理加宽改造和危桥改造。改造建设一批贫困乡村旅游路、产业路、资源路。

二是完善贫困地区水利设施。加快实施贫困地区农村饮水安全巩固提升工程，大力推行城乡供水一体化建设，计划项目重点向贫困县倾斜、向贫困地区优先安排，到 2020 年全面解决建档立卡贫困人口饮水安全问题。加强贫困地区防洪工程建设，基本完成万亩以上圩堤加固整治项目和灾后水利薄弱环节实施方案内的中小河流治理、五河治理防洪工程等项目，继续推进重点山洪沟建设，基本完成贫困地区国有公益性管理单位和乡镇农村集体管理的堤防标准化创建工作，切实做好贫困地区堤防工程运行管理。

三是改造贫困地区电力和网络。实施新一轮农网改造升级，加快推进罗霄山片区等贫困地区电力基础设施建设，建立贫困地区电力普遍服务监测评价体系，引导电网企业做好贫困地区农村电力建设管理和供电服务，到 2020 年实现全省农网户均配变容量不低于 2.0 千伏安。大力推进贫困地区农村可再生能源开发利用。创新“互联网 +”扶贫模式，统筹推进网络覆盖、农村电商、网络扶智、信息服务、网络公益五大工程纵深发展。加快农村及偏远地区 4G 网络覆盖，鼓励基础电信企业加大投资，将宽带网络向有条件的贫困村自然村组延伸。推进网络提速降费，引导基础电信企业加大面向贫困地区和贫困人口的优惠力度，鼓励推出扶贫专属资费优惠，减轻贫困群体宽带网络使用负担。

四是改善贫困地区人居环境。深入开展农村生活垃圾治理，大力推进农村厕所革命，梯次开展农村生活污水治理，全面提升村容村貌，加强村庄规划，注重长效管护，全面改善贫困村人居环境。加快实施贫困地区人居环境整治，推进资金项目向贫困村倾斜安排，实施贫困村村庄整治提升工程，促进“七改三网”基础设施项目（改路、改水、改厕、改房、改沟、改塘、改环境，电网、广电网和互联网建设）和“8 +4”公共服务项目（农村基层综合公共服务平台、卫生室、便民超市、农家书屋、文体活动场所、垃圾处理设施、污水处理设施、公厕，小学、幼儿园、金融服务网点、公交站）集成投向贫困村。

3.2.2.10　深度贫困村方面

扎实推进全省269个深度贫困村交通、饮水安全、水利工程、电网、互联网、文化服务设施等建设攻坚，确保新增资金、项目、政策三个倾斜，新增金融资金和服务优先满足、优先布局。

3.3　江西省脱贫攻坚问题分析

3.3.1　贫困对象识别度不高

在实际操作中，发现目前识别符合条件的贫困户有一定难度，区分是否为贫困人口，主要是以家庭为单位，年人均纯收入是否低于当年国家扶贫标准线、有没有实现“两不愁三保障”为标准。现阶段，要进行贫困人口信息采集，采集表格里涉及的专业术语较多，困难群众填表难度大，影响了识别的精准度。例如，在收集困难群众信息时，务工所得、生产所得、财产收益、转移性所得都归属于总收入，面对众多术语，很多困难群众不知如何填写；也有的困难群众小孩在外务工，自己年龄大不识字，委托村干部帮忙填写，有的村干部在没有问清楚家庭中每个成员的具体收入情况下，便凭着个人感觉和经验进行填写，导致收入上存在明显差距。

由于理解上的不一致导致统计标准难以统一，上班族每个月的工资变化不大，全年的总收入通过工资卡就能够清晰计算出来，而农民的月收入年初年尾各不相同，种植庄稼春季买种子化肥开支大，秋季作物丰收收入会增多，天公作美时收成增加，收入也相应会增加，遇到天灾瘟疫时，收入会减少甚至会亏本，总的来说，收入统计难以量化、固化，不易统计。另外，在工作实践中，有的扶贫干部只把残疾人、智障人士或家庭中的重病患者作为统计对象，其他

家庭成员没有被列入，使得贫困家庭的实际人口数量与统计数量不符。识别参数的多维性不足导致识别工作存在偏差。分析产生贫困的根源，既有收入低导致贫困，也有家庭年支出远超过家庭总收入而陷入贫困境地，这是一个多因素共同作用、需要进行综合考量的问题。目前，判断贫困户的主要指标中没有包含支出列项，使得家庭因读书、就医致贫人口不符合建档立卡标准，被排除在帮扶范围之外。

3.3.2　精准帮扶成效不明显

贫困户主观能动性发挥不够。有些贫困户主观上缺乏脱贫动力，觉得评上贫困户就可以享受相关脱贫政策和补助，希望能够长期享受贫困户的帮扶政策，到年底统计家庭总收入时就不如实填写，导致扶贫成效不能真实反映出来。乡镇扶贫力量薄弱。扶贫工作牵涉民政局、教育局、卫健委、人社局、农业局、水务局、商务局等众多部门，涉及教育、卫生、社保、医保、水利、信贷、电商、项目管理等众多业务知识，需要安排具有丰富知识储备和基层工作经验的领导干部，还要安排一批责任心强、不怕苦不怕累的扶贫专干来落实各项扶贫政策。经调研得知，在县一级由县扶贫办牵头总调度，乡镇层面，存在贫困村的乡镇均安排了由乡镇党政班子成员任扶贫站站长，安排了一名扶贫专干负责具体工作。但是，乡镇扶贫工作任务比较繁重，有的扶贫专干通过参加公务员选调或事业单位考试离开了乡扶贫岗位，人员的不稳定、不固定，对于贫困户居住分散、贫困户基本情况统计涉及的指标个数多、贫困户信息动态管理工作要求严格等工作现状，还存在很大不足。

同时，扶贫主体过于单一。政府在脱贫攻坚工作中依然是绝对的主导者，各类企业、社会组织和扶贫志愿者等社会力量发挥作用不足。面对贫困地区贫困人口的各类致贫问题，政府几乎包揽了前期调查摸底、帮扶举措、项目设计与落实、资源分配、绩效评估等各个环节的全部事务。然而，政府的优势在于了解情况、制定政策、统筹管理，劣势是人力有限、效率不足。政府的主导地位容易造成人力资源损耗、工作程序繁冗，间接导致在脱贫攻坚工作中产生急躁或厌战情绪。在政府主导模式下，从省、市、县机关单位和国企选派干部担任第一书记与驻村工作队员进村开展扶贫工作，但选派的第一书记与驻村工作队员通常只有两年的服务年限，年限期满基本会回原单位，人员具有流动性。政府虽然鼓励社会力量参与扶贫工作，但是对于多元主体之间如何分工配合仍有待深入探索，对于激励企业参与精准扶贫的方式方法上有待仔细研究。

3.3.3 产业扶贫实施效果有限

实施一系列精准扶贫政策之后，一些地方急功近利，片面追求脱贫时间、脱贫数字，尤其是在扶贫项目上，缺乏立足当前、兼顾长远的发展战略，出现盲目立项或“大水漫灌”的现象。一些乡镇在制定年度扶贫工作安排及项目安排时存在走形式、打擦边球现象，没有根据本地自然条件、气候情况、贫困户现状及需求制定与之相匹配的扶贫规划，而是盲目地引进扶贫项目，由于人力资源和市场的瞬息万变，导致引进的项目“引而不发”，迟迟无法开工。扶贫项目对贫困户的帮助有限，扶贫项目成为剃头挑子一头热，乡镇及结对干部千方百计，拼尽全力，而帮扶对象却无法融入扶贫项目并从中获益，导致贫困户对产业扶贫项目引进的认可度不高，积极性不强。另外，扶贫项目同质化现象尤为突出，产业扶贫针对性不强，项目脱贫力度不大，吸纳劳动力就业效果不够明显。各贫困村虽然地理位置不一样，资源优势也不尽相同，另外，就业扶贫也是精准扶贫的一种行之有效的脱贫方式，但在实际操作中，很多产业扶贫项目需要懂得现代农业技术的劳动力，现实中很多贫困户都不具备相应条件，无法到产业扶贫项目中实现就业增收。经了解，有些乡镇将扶贫资金打包投入当地的明星企业，企业通过利用扶贫资金扩大生产后产生了经济效益，拿出投入资金的一定比例用于贫困户分红，这种贫困户不参加就业直接得到分红的模式只能产生暂时的“输血”效应，不能产生持久的“造血”效应，与产业扶贫的初衷背道而驰。有的企业在利用扶贫资金之初，也信誓旦旦，承诺吸纳一定数量的有劳动力的贫困人口，却因种种原因而迟迟未能兑现，乃至扶贫资金扶起了相关企业，就业扶贫却成一张空头支票。

3.3.4 精准识别精准度不高

贫困人口信息管理系统维护力量薄弱。一方面，贫困人口信息动态更新需

要很多人力来收集并上传，贫困户需更新的信息涉及面广、需填写的项目多，都是由村干部对贫困人口信息进行采集和填写，而村干部年龄较大基本上不会用电脑，收集到的最新信息不能及时地提供并录入到系统中。另一方面，有的贫困户家里有劳动力的人口常年在外务工，只留下老人在家，收入情况往往要等到劳动力回家过年时才能问到。另外，信息的动态更新录入工作量比较大，导致工作的实效性存在一定不足，而乡镇的财政收入非常有限，不具备安排专人进行系统维护的条件。扶贫项目推进存在一定偏差。扶贫工程启动后，对扶贫工作的重视程度前所未有，扶贫工作力度前所未有，各类资源对贫困村的投入力度前所未有。在这种形势下，有些乡镇政府在不同程度形成了“贫困本身也是一种资源”的默契。这种功利主义倾向极易产生两个偏向：一是坐等扶贫资源、不作为的倾向。个别乡镇政府习惯于“要政策、要资金、要项目”。有些乡镇政府和扶贫部门，还是按照以前的工作思路，习惯于分项目、分钱及分物，难以在提升贫困人口素质、发展脱贫产业、激活农村市场方面有所作为。仍然有不少乡镇安心于戴上“贫困”的帽子，坐享精准扶贫政策的红利。二是急功近利、乱作为的倾向。有的贫困乡镇不顾主观、客观条件的制约，层层分解扶贫任务，不断压缩脱贫时间，打乱原有的扶贫规划、年度计划、工作规程和组织程序，致力于争取早出扶贫成果和政绩。扶贫资金利用效率不高。目前，各级财政对扶贫专项资金的拨付率都非常高，专项资金都能划拨到乡扶贫账户中，但实际工作中发现有的扶贫资金使用上存在随意性。

3.3.5　扶贫考核机制不完善

脱贫成效考核指标体系存在不足。无规矩不以成方圆，建立和完善扶贫工作成效评估机制是检验扶贫工作绩效的重要组成部分。目前，对于扶贫工作中每个责任主体的工作成效评价指标体系和考核方式还有待完善，缺乏一套涵盖“两不愁三保障”、村容村貌整治、产业扶贫工作、基层党建工作、对群众的宣传教育引导等各项工作的综合考核体系。此外，很多时候，各职能部门既是扶贫工作的政策制定者和执行者，又是考核工作的参与者，且政府上下级部门、同级部门之间，又存在着千丝万缕的联系，精准扶贫考核结果的公正性在一定程度上不能确保。此外，各扶贫专项业务主管部门虽然也会针对自己分管的业务进行指导，但是年度成效考评工作还是放在年末举行，采取的形式通常是查台账和听汇报，到贫困户家中逐个咨询的情况较少，考核得到的结论与实际工作开展的情况还是存在一定偏差。另外，针对扶贫工作成绩优秀的单位和优秀干部奖励的力度偏弱，与扶贫干部投入的时间和精力不能形成正向激励作用。

乡级层面的考核存在督查范围不广的问题。每年的扶贫工作调研及考核工作重点对象为有省级贫困村的乡镇，市级贫困村的乡镇接受检查的次数相对来说偏少，工作台账、贫困户档案、开展扶贫工作所达到的标准均有所不同。乡镇扶贫工作干部为了做好扶贫和迎检工作加班加点是常态，如果各项工作能按照要求落实到位顺利通过检查，就可以稍微放松一下；如果检查中被发现有不足之处，那么还会受到批评与指责，导致乡镇干部对扶贫工作有畏难情绪，不愿碰不愿沾，避而远之。对于驻村第一书记关于扶贫工作与扶贫项目两方面考核存在“两重两轻”现象，即扶贫工作注重表面工作而忽视工作成效，帮扶项目注重短期效应而忽视长期规划。对于驻村第一书记开展扶贫工作容易量化的部分往往占多数分值，比如，是否住村帮扶、外出办事是否请假、是否密切联系贫困户等方面；对于帮助贫困户提升就业技能、宣传扶贫政策帮助贫困户树立脱贫信心、为贫困户规划生产生活方面因难以量化而有所忽视。对于驻村第一书记开展扶贫项目方面，只要是争取到结对帮扶单位或上级扶贫职能部门的专项扶贫资金就能得分，而对于如何利用扶贫资金为贫困户增加收入、解决困难方面没有再往下细化考核，导致很多第一书记将建设村委会办公楼、修理村级公路和机耕路等能在短期内见到成绩的项目，列入首要考虑的工作进行大力推进；对于村里产业项目调研规划、为贫困户增加谋生本领方面考虑不够。对于村干部考核存在“缺位”现象。村干部最清楚全村自然资源情况，也最了解所有贫困户家庭情况，是做好扶贫工作的主要依靠力量，但在考核工作的具体设计中，没有关于村干部参与脱贫工作的考核指标和奖惩办法。目前，这种只针对在岗在编的各级机关干部进行考核，对编制外的村干部没有考核奖惩措施，既不利于激发村干部的工作干劲，又不利于规范村干部的工作流程。村里工作大多由文化水平尚好的村会计负责协调落实，工作量很大，但工作补贴非常低，不利于扶贫工作的开展。

第 4 章

江西省现行支持脱贫攻坚的财税政策及问题分析

4.1 江西省现行支持脱贫攻坚的财税政策

4.1.1 财政政策

4.1.1.1 财政扶贫支出增长方面

财政扶贫支出增长作为脱贫攻坚政策重要的战略支撑，脱贫攻坚工作是否能够顺利推进，充足的资金保障是关键。2011 年，财政部印发了《中央专项彩票公益金支持贫困革命老区整村推进项目资金管理办法》，通知要求中央专项彩票公益金每年拿出一定的扶贫资金用于支持革命老区脱贫攻坚工作。江西省在不断加大财政扶贫资金投入的同时，还积极撬动金融资本和社会资金进入脱贫攻坚领域。2015 年 5 月，江西省委、江西省政府下发了《关于深入推进脱贫攻坚工作的意见》的通知，进一步发挥政府投入的主体和主导作用，落实财政扶贫资金稳定增长机制。2016 年 12 月，《江西省统筹整合财政涉农扶贫资金实施方案》出台，方案要求改革财政涉农扶贫资金管理使用机制，赋予贫困县统筹整合使用财政涉农扶贫资金的自主权，撬动金融资本和社会资金投入扶贫开发，提高财政涉农扶贫资金的精准度和使用效益，支持贫困县集中资源打赢脱贫攻坚战。2017 年 10 月，中共江西省委办公厅、江西省人民政府办公厅下发了《关于深入推进脱贫攻坚工作的意见》的通知，通知要求加大财政涉农扶贫资金统筹整合推进力度，确保政府扶贫投入与脱贫攻坚任务相适应，新增财政扶贫资金主要用于解决深度贫困问题和脱贫攻坚重点工程。

从2012年起，江西省财政预算集中支持国定、省定特困片区和原中央苏区，每县每年1000万元，累计投入财政扶贫资金已经超过50亿元，整合专项扶贫、行业扶贫、社会扶贫投入超过160亿元。2013年以来，已落实赣南等原中央苏区中央预算内投资48亿元；江西省财政安排赣南等原中央苏区、特困片区发展资金5.3亿元，并且每年统筹资金50亿元支持其新农村建设。2019年，江西省获得中央财政安排专项扶贫资金30.8亿元，较上年增幅13.67%。2016～2019年，江西省共投入中央和省级财政专项扶贫资金总计213.61亿元。其中，省级财政专项扶贫资金106.29亿元，年均增幅24.28%，超过全省一般公共预算收入平均增幅19.6个百分点。①

4.1.1.2 支持基础设施建设扶贫方面

按照江西省委、江西省人民政府《关于全力打好精准扶贫攻坚战的决定》的要求，江西省加大贫困地区以工代赈投入力度，支持农村山水田林路建设和小流域综合治理，土地整治和高标准农田建设项目优先向有条件的贫困村覆盖。优先对贫困人口的农村饮水安全项目进行巩固提升，提高供水水质和供水保证率。加强贫困地区重大水利工程、病险水库水闸除险加固、灌区续建配套与节水改造等水利项目建设。加强贫困地区商贸流通基础设施建设，加快贫困村山塘整治、抗旱应急水源引调提水工程、山洪沟治理等农村小型水利项目建设。2016年5月，中共江西省委办公厅、江西省人民政府办公厅印发了《关于坚决打赢脱贫攻坚战的实施意见》，意见要求到2018年，每个贫困县要建成一所图书馆、文化馆，建设一批便民利民的体育场馆和健身活动中心，群众户户通广播电视。到2020年，基本完成贫困县农贸市场建设改造任务，将宽带基础设施建设向自然村延伸，基本实现贫困县已通电20户以上自然村互联网覆盖。继续实施农村电网改造升级工程，对贫困地区农村公益性基础设施管理

① 赵庆．江西省财政助力脱贫攻坚　投入专项扶贫资金106亿元［DB/OL］．https：//www.sohu.com/a/340200823_123753.

养护给予支持。

2015 年，江西省大力推进高标准农田建设，加快农田水利基本建设，全省共整合建设资金 51.15 亿元，其中，省级以上 35.81 亿元，新建设高标准农田 227.3 千公顷，新增农田有效灌溉面积 60 千公顷，建成 1057 处集中供水工程，解决 246 万名农村人口饮水安全问题，完成农村危房改造 31.2 万户，建设改造农村公路 1.4 万千米。[①] 随着扶贫项目的实施，贫困地区农村基础设施不断改善，在贫困监测的 2334 个自然村中，到 2016 年末已基本通电、通电话。通公路，主干道路经过硬化处理，通客运班车，通宽带的自然村比重分别达到 92.0%、84.0%、52.1% 以及 76.7%，分别比上年增加 1.0 个、4.9 个、2.9 个和 6.2 个百分点，被通信信号覆盖的自然村的比重达到 95.5%，提高 4.4 个百分点，实现卫生厕所全覆盖的自然村比率也有极大提高，达到 36.5%，比上年增加 5.2 个百分点。贫困地区农村生产、生活的基础条件有较大改善。[②]

4.1.1.3　支持移民搬迁扶贫方面

2017 年 5 月，江西省扶贫和移民办、江西省发展改革委下发了《关于进一步加强易地扶贫搬迁项目建设与管理》的通知，要求各地及时落实年度搬迁实施计划，严守搬迁贫困户精准“界线”、人均住房面积不超 25 平方米“标线”、户均自筹不超 1 万元“底线”、项目规范管理“红线”。江西省自 2003 年以来大力实施移民扶贫整体搬迁，依据《关于印发在我省库区深山区开展移民扶贫试点工作会议纪要的通知》，首先选择兴国县、泰和县、修水县三县为移民搬迁试点县，每年搬迁 1 万人；2004～2007 年，将扶贫移民搬迁范围扩展为江西省 21 个国家扶贫开发工作重点县，4 年间共搬迁安置 19.23 万人；2008～2012 年，将扶贫移民搬迁范围再次扩展为江西省 41 个西部大开发有关政策县，5 年间共搬迁安置 25 万人；2013 年，江西省搬迁安置扶贫移民约 7 万人；2014 年，搬迁安置扶贫移民约 10 万人。根据《关于加强扶贫攻坚促进小康提速的意见》，未来江西省还将对地处边远、条件恶劣地区的贫困群

---

① 数据来源：《中国农村统计年鉴（2016）》。

② 数据来源：《中国农村贫困监测报告（2017）》。

众加大搬迁移民扶贫力度，2014 年起，在上年搬迁安置 6 万人的基础上每年递增 2 万人。2016 年，江西省财政下发易地扶贫搬迁贴息资金 5292 万元、绩效评价奖励资金 12000 万元、易地扶贫搬迁省级补助资金 47440 万元。2015 年，中央补助标准为每户平均 7500 元，在此基础上，中央对集中连片特殊困难地区县和国家扶贫开发工作重点县的危房改造补助对象，每户增加 1000 元，省县级政府进行相应的配套。如《江西省 2015 年农村危房改造实施方案》规定，危房改造补贴分为两类：第一类，新建房屋的困难农户。对属于分散供养五保户的对象，每户补助 1.65 万～1.95 万元；对属于低保户、贫困残疾人家庭、原中央苏区国家重点优抚对象、革命烈士家庭的对象，每户补助 1.45 万～1.65 万元；其他贫困户的对象，每户补助 1.15 万～1.25 万元。第二类，维修加固房屋的困难农户，每户补助 3500 元。江西还采用政府购买服务融资模式，向农发行江西省分行、国开行江西省分行申请中央贴息 90% 的长期低息贷款 70 亿元，并通过申请专项建设基金 10 亿元和承接省财政安排的地方政府债券资金 19.5 亿元作为项目资本金，省资产集团共筹集约 100 亿元资金专项用于全省“十三五”期间 20 万建档立卡贫困人口易地扶贫搬迁建（购）住房，安置区的水、电、路、网等基础设施和相关公共服务配套设施建设。到 2016 年 8 月，江西已开工搬迁项目 518 个，开工率为 73%，规划年度项目总投资约 72 亿元，已完成投资 17 亿元。对已搬迁贫困户存在的问题，积极稳妥地落实整改；对新搬迁贫困户采取政府统规统建的方式，强化集中安置。用好建设用地增减挂钩政策支持易地扶贫搬迁，允许赣南等原中央苏区、特困片区和贫困县指标在省域范围内交易流转使用。坚持“搬迁是手段、脱贫是目的”的理念，落实搬迁贫困户后续帮扶措施，确保搬得出、稳得住、逐步能脱贫致富。2017 年，江西积极推进生态扶贫，完成生态移民易地搬迁安置项目 113 个，搬迁贫困人口 1.1 万人，选聘生态护林员 1.05 万名。“十三五”时期完成约 50 万人的易地扶贫搬迁任务。

4.1.1.4 支持教育扶贫方面

按照 2015 年 5 月江西省委、江西省人民政府《关于全力打好精准扶贫攻坚战的决定》的要求，江西省继续加大对贫困地区教育的支持力度，促进各类教育发展，保障贫困地区学生就近公平享受优质教育资源。一是江西省对建

档立卡贫困人口落实现有教育扶贫政策，实现贫困家庭子女就学资助全覆盖。凡经建档立卡困难户子女就读各级各类学校，可不经评审直接享受对应的学生资助政策，且资助分类等级以就高为原则，确保不因家庭经济困难而失学；通过实施全面改善贫困地区义务教育薄弱学校基本办学条件计划、中小学校舍维修改造、高中资源扩充等教育项目，优先支持25个重点贫困县全面改善基本办学条件；统筹安排6.8亿元，继续实施农村义务教育学生营养餐计划。为全省17个国家连片特困县约90万名农村义务教育学生按每生每天4元标准给予膳食补助。同时，加强贫困县农村学校食堂建设，鼓励各地实施以学生食堂供餐为主的农村学生营养餐，提高农村学生营养健康水平；统筹安排1.2亿元，全面落实连片特困地区乡村教师生活补助政策，为对5万名在集中连片特困地区乡、村学校和教学点工作的教师给予每月200元的生活补助。二是加大对农村劳动力技能培训的补贴支持力度，提高劳动技能，增强自我发展的能力，同时降低相应的负担。技能培训主要以促进扶贫对象稳定就业为核心，对农村贫困家庭未继续升学的应届初、高中毕业生参加劳动预备制培训，给予一定的生活费补贴；对农村贫困家庭新成长劳动力接受中等职业教育给予生活费、交通费等特殊补贴；对农村贫困劳动力开展实用技术培训，增强其就业能力，同时，为农村发展提供必要的人才。“十二五”期间，江西省通过大力扶持贫困子女的中职、高职的学历教育和技能教育，培养20多万名贫困子女和贫困劳动力，使他们的就业能力明显增强。落实现有学生资助政策，继续完善家庭经济困难学生资助体系，对建档立卡贫困家庭子女建立教育精准扶贫机制。率先从建档立卡的家庭经济困难学生中实施普通高中免除学杂费；逐步分类推进中等职业教育免除学杂费。继续做好贫困地区农村义务教育学生营养改善计划。对贫困家庭离校未就业的高校毕业生提供就业支持。对农村贫困家庭儿童特别是留守儿童给予特殊关爱，为他们健康成长提供良好环境。开展“赣青扶贫结对行动”，为留守儿童提供爱心陪伴、学习辅导、思想引导、心理疏导、成长指导等服务。

在职业教育培训扶贫方面，以“培训一人，就业一人，脱贫一户”为目标，建立就业帮扶对象基础台账，提高就业服务和技能培训的精准度。为扶贫对象提供就业创业政策咨询、就业指导、职业介绍、技能培训或创业培训等免费服务。支持建档立卡户中有劳动能力和就业意愿的劳动者以及未升学初、高中毕业生参加职业培训。自2006年以来，江西省先后实施了“金蓝领工程”“阳光工程”“雨露计划”等培训工程，共培训农村富余劳动力近800万人次，占劳务输出的50%左右。江西省贫困地区2016年7~12岁人口入学率达到97.8%，其中，女性儿童入学率为97.3%，男性儿童入学率为98.2%；13~15岁人口就学率为93.0%，其中，女性儿童就学率为92.3%，男性儿童就学率为93.5%；16~18岁人口就学率为92.2%，其中，女性儿童就学率为91.5%，男性儿童就学率为92.9%。①

4.1.1.5 支持产业扶贫方面

按照《江西省赣南等原中央苏区和特困片区产业扶贫资金项目实施办法（试行）》的要求，江西省财政每年专项安排每县1000万元产业扶贫资金投入到县（市、区）中的2827个国定和省定贫困村。深度嵌入连片贫困村的周边村可列入计划范围，省定贫困村较少县（市、区）的规划范围可扩大到设区市、县（市、区）自定贫困村。产业扶贫主要帮助贫困农户融入产业化进程中，通过发展产业，增加收入。2015年1月，江西省扶贫和移民办公室、江西省农业厅下发了《关于创新模式提高产业扶贫成效的指导意见》的通知，通知要求在全省特困片区县和水库移民大县中选择27个县（市、区）进行试点，探索在财政产业扶贫资金中安排产业贷款风险补偿金，按1:8比例放大贷款，贷款期限由合作组织贷款对象自行选择1~5年期贷款，贷款利率按银行同期贷款基准利率执行，从而支持贫困地区产业发展，解决资金难题。2015年，江西省油茶产业扶持资金已达到27亿元，其中，国家和省级财政累计投入2亿元，各级金融机构放款突破17亿元，中国农业银行江西省分行根据油茶特点专门设立了“金穗油茶贷”等贷款项目，已发放贷款15亿元左右，全省共完成油茶造林面积34.06万亩、油茶低改面积41.58万亩。赣州市则依托财政与金融等产业支持政策，规划2015~2018年全市18个县（市、区）新建油茶精准扶贫高产生态示范基地100万亩，辐射带动10万户，约50万贫困人口参与发展油茶产业。积极推进农业产业贷款风险财政补偿、特色农业

① 数据来源：《中国农村贫困监测报告（2017）》。

保险财政保费补贴、资产收益扶贫等产业扶贫方式。如江西借鉴“财政惠农信贷通”模式，2016年在全省推行“扶贫和移民产业信贷通”风险补偿机制，开展产业扶贫资金贷款，2016年上半年，已通过风险补偿机制带动产业扶贫贷款20多亿元，有效缓解了贫困户贷款难、发展产业难的问题；在全省25个重点贫困县开展地方特色农业保险以奖代补试点工作，采取“一县一品”的方式，由试点县确定一类地方特色种植业或养殖业品种开展农业保险，当地财政给予保费补贴；利用光伏扶贫、发展物业经济、投资入股商业银行等形式，将扶贫资金取得的收益用于扶持无劳动能力的贫困户。

4.1.1.6　支持健康扶贫方面

根据国务院医改领导小组办公室等8部委《关于做好2016年城乡居民大病医疗保险工作的通知》以及《江西省人民政府关于整合城乡居民基本医疗保险制度的实施意见》的要求，江西省积极构筑新型农村合作医疗、新农合大病保险、农村贫困人口重大疾病商业补充保险、城乡医疗救助四道防线。针对“因病致贫、因病返贫”这一制约脱贫攻坚的最大症结，本着完善医疗保障、兜住脱贫底线的工作原则，特就全省建立农村贫困人口重大疾病医疗补充保险制度。按照《江西省人民政府办公厅关于印发江西省健康扶贫工程实施方案的通知》的要求，明确贫困县通过统筹整合财政涉农扶贫资金为健康扶贫任务提供资金保障；建档立卡贫困人员参加新农合大病保险报销起付线下降50%并提高报销比例5个百分点；资助所有建档立卡贫困人口免费参合，同时，按照每人每年不低于90元的标准为建档立卡贫困人员购买重大疾病商业保险，所需资金由统筹财政涉农扶贫资金或财政专项扶贫资金安排。在实施过程中，江西省将根据实施补充保险业务和脱贫攻坚、经济社会发展等方面情况，适时对补充保险筹资标准作出必要调整。各地在执行全省统一筹资标准的前提下，可综合考虑本地经济社会发展水平、筹资能力以及贫困人口医疗保障补偿发生等情况，因地制宜提高本地筹资标准和保障水平。

4.1.1.7　脱贫攻坚相关配套政策方面

第一，扶贫工作效率方面。江西省人民政府印发《江西省脱贫攻坚工程项目“绿色通道”实施方案的通知》，针对脱贫攻坚项目资金，中央和省级扶贫资金下达后，各地按照年度实施计划，及时做好具体项目与资金的对接。严格按照财政国库管理制度相关规定，切实优化资金拨付流程，加快资金拨付进度；《关于加强扶贫攻坚促进小康提速的意见》进一步加大力度整合资金，逐步探索资金分配“以奖代补”机制，健全扶贫投入增长、激励和约束、考核评价、监督管理机制，逐步完善贫困地区基本公共服务保障体系，提高政策的“精准度”；《国务院扶贫办关于进一步克服形式主义减轻基层负担的通知》针对各地普遍反映，频繁填表报数、迎评迎检、陪会参会等耗费了基层干部大量精力、干扰了脱贫攻坚工作的现象，中央要求各地减少填表报数，减少检查考评，减少会议活动等，切实提高脱贫攻坚工作效率。

第二，扶贫绩效考核方面。中共中央办公厅、国务院办公厅印发了《省级党委和政府扶贫开发工作成效考核办法》，从减贫成效、精准识别、精准帮扶、扶贫资金四个方面进行考核。各省份积极发挥考核的导向作用，以脱贫攻坚作为主要政绩之一，完善对设区市、贫困县和定点扶贫单位的考核，同时，要求设区市、贫困县及省直管县每年要向上级报告脱贫攻坚进展情况，以脱贫实绩作为对各地党委和政府脱贫攻坚工作成效考核的重要依据，并抓紧出台各级《精准扶贫开发工作成效考核办法》。如江西省认真组织实施《贫困县党政领导班子和领导干部经济社会发展实绩考核办法（试行）》，包括县级财政扶贫投入机制建设、贫困县加强农村基础设施建设和促进民生改善等方面列为重要考核内容，贫困县党政正职除领导班子换届和特殊情况必须调整外，原则上在贫困县摘帽前不得调整岗位。近期，国务院扶贫开发领导小组开展“2016年全国脱贫攻坚奖”评选活动，全国各地开展多种形式的扶贫典型人物和单位评选活动，对扶贫工作成效显著的单位和个人进行表彰，同时，也对工作不力的进行通报批评，确保包括财政部门在内的各单位落实扶贫责任。

第三，扶贫财政资金管理方面。《财政专项扶贫资金管理办法》于2011年11月7日由财政部、国家发展改革委、国务院扶贫办联合印发，随后，全国各地都出台了相应的财政专项扶贫资金管理办法。财政部门负责财政专项扶贫资金的预算安排、拨付、管理和监督检查，会同扶贫办拟定补助地方财政专项扶贫资金的分配方案；发展改革委与财政部、国务院扶贫办拟定以工代赈资金分配方案；国务院扶贫办与财政部汇总平衡提出统一分配方案，上报国务院扶贫开发领导小组审定。其中，财政部门加强了财政专项扶贫资金的日常管理和监督检查，扶贫、发展改革、民委、农业、林业、残疾人联合会等部门加强了相关财政扶贫项目的管理，确保项目实施进度，充分发挥财政专项扶贫资金使用效益。

第四，财政涉农扶贫资金使用方面。2016 年 4 月，国务院办公厅印发《关于支持贫困县开展统筹整合使用财政涉农资金试点的意见》，通过试点形成“多个渠道引水、一个龙头放水”的扶贫投入新格局。试点以支持贫困县摘帽销号为目标，以脱贫成效为导向，以扶贫规划为引领，以重点扶贫项目为平台，统筹整合使用财政涉农资金，撬动金融资本和社会帮扶资金投入扶贫开发，提高资金使用精准度和效益，按期完成脱贫攻坚任务。试点工作坚持渠道不变、充分授权，省负总责、强化监督，县抓落实、权责匹配，精准发力、注重实效的基本原则。纳入统筹整合范围的财政涉农资金，资金项目审批权限完全下放到贫困县。要求贫困县把财政涉农资金统筹整合使用与脱贫成效紧密挂钩，资金使用要精确瞄准建档立卡贫困人口。试点范围包括连片特困地区县和国家扶贫开发工作重点县。2016 年，各省（区、市）先选择不少于 1/3 的贫困县开展试点，2017 年推广到全部贫困县。统筹整合资金范围包括各级财政安排用于农业生产发展和农村基础设施建设等方面的资金，中央层面主要包括财政专项扶贫资金等 20 项财政涉农资金。教育、医疗、卫生等社会事业方面的资金，也要结合脱贫攻坚任务和贫困人口变化情况，完善资金安排使用机制，确保资金精准有效使用。各地积极推动统筹整合财政涉农扶贫资金工作，如江西省把 58 个原中央苏区和连片特困县（市、区）全部纳入此次统筹整合实施范围，涵盖全省全部国定贫困县、罗霄山片区县和原中央苏区县，涉及 80% 以上的贫困村和贫困人口。在中央财政纳入整合的 20 项财政涉农资金基础上，省本级纳入整合 15 项财政涉农资金，整合资金约 200 亿元，聚焦用于贫困地区和贫困人口，发挥财政资金支持扶贫的主力作用，为脱贫攻坚提供财力支持。

4.1.2　税收政策

由于税收立法权在中央，地方仅仅是税收政策的执行者，江西省脱贫攻坚税收政策大体与中央一致。因此，在脱贫攻坚税收政策分析中，主要是从全国税收政策着手，具体从增值税、所得税、资源税等税种进行归纳总结（见表4－1和表4－2）。

4.1.2.1 增值税政策

表4－1 江西省现行支持脱贫攻坚增值税政策

分类	具体政策	政策来源
增值税帮农惠农政策	农业生产者销售的自产农产品免税；购进农产品，除取得增值税专用发票或者海关进口增值税专用缴款书外，按照农产品收购发票或者销售发票上注明的农产品买价和13%的扣除率计算进项税额	1.《中华人民共和国增值税暂行条例》第十五条 2.《中华人民共和国增值税暂行条例实施细则》第三十五条 3.《财政部　国家税务总局关于印发〈农业产品征税范围注释〉的通知》
	对农膜产品，免征增值税；批发、零售的种子、种苗、农药、农机，免征增值税	1.《财政部　国家税务总局关于农业生产资料征免增值税政策的通知》第一条 2.《国家税务总局关于印发〈增值税部分货物征税范围注释〉的通知》第十五条
	饲料生产企业生产销售单一大宗饲料、混合饲料、配合饲料、复合预混料、浓缩饲料，免征增值税	1.《财政部　国家税务总局关于饲料产品免征增值税问题的通知》第一条 2.《国家税务总局关于修订“饲料”注释及加强饲料征免增值税管理问题的通知》
	2007年7月1日起，纳税人生产销售和批发、零售滴灌带和滴灌管产品，免征增值税	《财政部　国家税务总局关于免征滴灌带和滴灌管产品增值税的通知》第一条、第四条
	对农民专业合作社销售本社成员生产的农业产品，视同农业生产者销售自产农业产品，免征增值税。增值税一般纳税人从农民专业合作社购进的免税农业产品，可按13%的扣除率计算抵扣增值税进项税额。对农民专业合作社向本社成员销售的农膜、种子、种苗、农药、农机，免征增值税	1.《财政部　国家税务总局关于农民专业合作社有关税收政策的通知》 2.《财政部　国家税务总局关于印发〈农业产品征税范围注释〉的通知》
	农民专业合作社向本社成员销售的农膜、种子、种苗、农药、农机，免征增值税	《财政部　国家税务总局关于农民专业合作社有关税收政策的通知》
	2008年6月1日起，纳税人生产销售和批发、零售有机肥产品，免征增值税	《财政部　国家税务总局关于有机肥产品免征增值税的通知》
	对农村电网维护费，免征增值税	《国家税务总局关于农村电网维护费征免增值税问题的通知》
	对从事蔬菜批发、零售的纳税人销售的蔬菜，免征增值税	《财政部　国家税务总局关于免征蔬菜流通环节增值税有关问题的通知》

续表

分类	具体政策	政策来源
增值税帮农惠农政策	对从事农产品批发、零售的纳税人销售猪、牛、羊、鸡、鸭等部分鲜活肉蛋产品，免征增值税	《财政部　国家税务总局关于免征部分鲜活肉蛋产品流通环节增值税政策的通知》
	纳税人采取“公司＋农户”经营模式从事畜禽饲养，免征增值税	1.《财政部　国家税务总局关于印发〈农业产品征税范围注释〉的通知》 2.《国家税务总局关于纳税人采取“公司＋农户”经营模式销售畜禽有关增值税问题的公告》
	对饮水工程运营管理单位向农村居民提供生活用水取得的自来水销售收入，免征增值税	《财政部　国家税务总局关于继续实行农村饮水安全工程建设运营税收优惠政策的通知》
	2019年1月1日起至2020年12月31日，农村饮水安全工程运营管理单位向农村居民提供生活用水取得的自来水销售收入，免征增值税。对于既向城镇居民供水，又向农村居民供水的农村饮水安全工程运营管理单位，依据向农村居民供水收入占总供水收入的比例免征增值税	《财政部　税务总局关于继续实行农村饮水安全工程税收优惠政策的公告》第四条
	农业机耕、排灌、病虫害防治、植物保护、农牧保险以及相关技术培训业务，家禽、牲畜、水生动物的配种和疾病防治，免征增值税	《财政部　国家税务总局关于全面推开营业税改征增值税试点的通知》附件3《营业税改征增值税试点过渡政策的规定》第一条
	2019年4月1日起，纳税人购进农产品允许按照农产品收购发票或者销售发票上注明的农产品买价和9%的扣除率计算抵扣进项税额；其中，购进用于生产或委托加工13%税率货物的农产品，按照农产品收购发票或者销售发票上注明的农产品买价和10%的扣除率计算抵扣进项税额	1.《财政部　国家税务总局关于印发〈农业产品征税范围注释〉的通知》 2.《财政部　国家税务总局关于农民专业合作社有关税收政策的通知》 3.《财政部　税务总局关于调整增值税税率的通知》第二条、第三条 4.《财政部　税务总局　海关总署关于深化增值税改革有关政策的公告》第二条
	1. 2012年7月1日起，以购进农产品为原料生产销售液体乳及乳制品、酒及酒精、植物油的增值税一般纳税人，纳入农产品增值税进项税额核定扣除试点范围，其购进农产品无论是否用于生产上述产品，增值税进项税额均按照《财政部　国家税务总局关于在部分行业试行农产品增值税进项税额核定扣除办法的通知》附件1《农产品增值税进项税额核定扣除试点实施办法》的规定抵扣	1.《财政部　国家税务总局关于在部分行业试行农产品增值税进项税额核定扣除办法的通知》 2.《财政部　国家税务总局关于扩大农产品增值税进项税额核定扣除试点行业范围的通知》 3.《财政部　税务总局关于简并增值税税率有关政策的通知》第二条 4.《财政部　税务总局关于调整增值税税率的通知》第二条、第三条

续表

<table>
<tr><th>分类</th><th>具体政策</th><th>政策来源</th></tr>
<tr><td rowspan="2">增值税帮农惠农政策</td><td>2. 2013 年 9 月 1 日起，各省、自治区、直辖市、计划单列市税务部门可商同级财政部门，根据《财政部　国家税务总局关于在部分行业试行农产品增值税进项税额核定扣除办法的通知》附件 1《农产品增值税进项税额核定扣除试点实施办法》的规定，结合本省（自治区、直辖市、计划单列市）特点，选择部分行业开展核定扣除试点
3. 试点纳税人可以采用投入产出法、成本法、参照法等方法计算增值税进项税额</td><td>5.《财政部　税务总局　海关总署关于深化增值税改革有关政策的公告》第二条</td></tr>
<tr><td>2019 年 1 月 1 日起至 2020 年 12 月 31 日，对边销茶生产企业销售自产的边销茶及经销企业销售的边销茶，免征增值税</td><td>《财政部　税务总局关于继续执行边销茶增值税政策的公告》</td></tr>
<tr><td rowspan="2">农户小额贷款利息收入免征增值税</td><td>2023 年 12 月 31 日前，对金融机构向农户发放小额贷款取得的利息收入，免征增值税</td><td>1.《财政部　税务总局关于支持小微企业融资有关税收政策的通知》第一条、第三条
2.《财政部　税务总局关于延续实施普惠金融有关税收优惠政策的公告》</td></tr>
<tr><td>2023 年 12 月 31 日前，对经省级金融管理部门（金融办、局等）批准成立的小额贷款公司取得的农户小额贷款利息收入，免征增值税</td><td>1.《财政部　税务总局关于小额贷款公司有关税收政策的通知》第一条、第四条
2.《财政部　税务总局关于延续实施普惠金融有关税收优惠政策的公告》</td></tr>
<tr><td rowspan="3">涉农贷款利息收入可选择适用简易计税方法缴纳增值税</td><td>农村信用社、村镇银行、农村资金互助社、由银行业机构全资发起设立的贷款公司、法人机构在县（县级市、区、旗）及县以下地区的农村合作银行和农村商业银行提供金融服务收入，可以选择适用简易计税方法按照 3% 的征收率计算缴纳增值税</td><td>《财政部　国家税务总局关于进一步明确全面推开营改增试点金融业有关政策的通知》第三条</td></tr>
<tr><td>对中国农业银行纳入“三农金融事业部”改革试点的各省、自治区、直辖市、计划单列市分行下辖的县域支行和新疆生产建设兵团分行下辖的县域支行（也称县事业部），提供的农户贷款、农村企业和农村各类组织贷款取得的利息收入，可以选择适用简易计税方法按照 3% 的征收率计算缴纳增值税</td><td>《财政部　国家税务总局关于进一步明确全面推开营改增试点金融业有关政策的通知》第四条及附件《享受增值税优惠的涉农贷款业务清单》</td></tr>
<tr><td>2018 年 7 月 1 日起至 2020 年 12 月 31 日，对中国邮政储蓄银行纳入“三农金融事业部”改革的各省、自治区、直辖市、计划单列市分行下辖的县域支行，提供农户贷款、农村企业和农村各类组织贷款取得的利息收入，可以选择适用简易计税方法按照 3% 的征收率计算缴纳增值税</td><td>《财政部　税务总局关于中国邮政储蓄银行三农金融事业部涉农贷款增值税政策的通知》</td></tr>
</table>

续表

分类	具体政策	政策来源
金融机构小微企业及个体工商户小额贷款利息收入免征增值税	1. 2023 年 12 月 31 日前，对金融机构向小型企业、微型企业及个体工商户发放小额贷款取得的利息收入，免征增值税。上述小额贷款，是指单户授信小于 100 万元（含本数）的农户、小型企业、微型企业或个体工商户贷款；没有授信额度的，是指单户贷款合同金额且贷款余额在 100 万元（含本数）以下的贷款 2. 2018 年 9 月 1 日起至 2020 年 12 月 31 日，对金融机构向小型企业、微型企业和个体工商户发放小额贷款取得的利息收入，免征增值税。上述小额贷款，是指单户授信小于 1000 万元（含本数）的小型企业、微型企业或个体工商户贷款；没有授信额度的，是指单户贷款合同金额且贷款余额在 1000 万元（含本数）以下的贷款。金融机构可以选择以下两种方法之一适用免税 （1）对金融机构向小型企业、微型企业和个体工商户发放的，利率水平不高于中国人民银行授权全国银行间同业拆借中心公布的贷款市场报价利率 150%（含本数）的单笔小额贷款取得的利息收入，免征增值税；高于中国人民银行授权全国银行间同业拆借中心公布的贷款市场报价利率 150% 的单笔小额贷款取得的利息收入，按照现行政策规定缴纳增值税； （2）对金融机构向小型企业、微型企业和个体工商户发放单笔小额贷款取得的利息收入中，不高于该笔贷款按照中国人民银行授权全国银行间同业拆借中心公布的贷款市场报价利率 150%（含本数）计算的利息收入部分，免征增值税；超过部分，按照现行政策规定缴纳增值税。 金融机构可按会计年度在以上两种方法之间选定其一作为该年的免税适用方法，一经选定，该会计年度内不得变更	1.《财政部　税务总局关于支持小微企业融资有关税收政策的通知》第一条、第三条 2.《财政部　税务总局关于金融机构小微企业贷款利息收入免征增值税政策的通知》 3.《财政部　税务总局关于明确国有农用地出租等增值税政策的公告》第五条 4.《财政部　税务总局关于延续实施普惠金融有关税收优惠政策的公告》 5.《工业和信息化部　国家统计局　国家发展和改革委员会　财政部关于印发中小企业划型标准规定的通知》
为农户及小型微型企业提供融资担保及再担保业务免征增值税	2023 年 12 月 31 日前，纳税人为农户、小型企业、微型企业及个体工商户借款、发行债券提供融资担保取得的担保费收入，以及为原担保提供再担保取得的再担保费收入，免征增值税	1.《财政部　税务总局关于租入固定资产进项税额抵扣等增值税政策的通知》第六条 2.《财政部　税务总局关于延续实施普惠金融有关税收优惠政策的公告》 3.《工业和信息化部　国家统计局　国家发展和改革委员会　财政部关于印发中小企业划型标准规定的通知》

续表

分类	具体政策	政策来源
农牧保险业务免征增值税	农牧保险以及相关技术培训业务，免征增值税	《财政部　国家税务总局关于全面推开营业税改征增值税试点的通知》附件3《营业税改征增值税试点过渡政策的规定》第一条
促进农业资源综合利用增值税优惠	对销售自产的以餐厨垃圾、畜禽粪便、稻壳、花生壳、玉米芯、油茶壳、棉籽壳、三剩物、次小薪材，农作物秸秆、蔗渣，以及利用上述资源发酵产生的沼气为原料，生产的生物质压块、沼气等燃料及电力、热力，实行增值税即征即退100%的政策	1.《财政部　国家税务总局关于印发〈资源综合利用产品和劳务增值税优惠目录〉的通知》 2.《财政部　税务总局关于资源综合利用增值税政策的公告》第三条
	对销售自产的以废弃动物油和植物油为原料生产的生物柴油、工业级混合油，实行增值税即征即退70%的政策	1.《财政部　国家税务总局关于印发〈资源综合利用产品和劳务增值税优惠目录〉的通知》 2.《财政部　税务总局关于资源综合利用增值税政策的公告》第三条
	对销售自产的以农作物秸秆为原料生产的纸浆、秸秆浆和纸，实行增值税即征即退50%的政策	1.《财政部　国家税务总局关于印发〈资源综合利用产品和劳务增值税优惠目录〉的通知》 2.《财政部　税务总局关于资源综合利用增值税政策的公告》第三条
	对销售自产的以三剩物、次小薪材、农作物秸秆、沙柳为原料，生产的纤维板、刨花板、细木工板、生物碳、活性炭、栲胶、水解酒精、纤维素、木质素、木糖、阿拉伯糖、糠醛、箱板纸，实行增值税即征即退70%的政策	1.《财政部　国家税务总局关于印发〈资源综合利用产品和劳务增值税优惠目录〉的通知》 2.《财政部　税务总局关于资源综合利用增值税政策的公告》第三条
小微企业税费优惠	增值税小规模纳税人销售货物或者加工、修理修配劳务月销售额不超过3万元（按季纳税9万元），销售服务、无形资产月销售额不超过3万元（按季纳税9万元）的，2018年1月1日起至2020年12月31日，可分别享受小微企业暂免征收增值税优惠政策	《国家税务总局关于小微企业免征增值税有关问题的公告》
	2019年1月1日起至2021年12月31日，对月销售额10万元以下（含本数）的增值税小规模纳税人，免征增值税	1.《财政部　税务总局关于实施小微企业普惠性税收减免政策的通知》第一条 2.《国家税务总局关于小规模纳税人免征增值税政策有关征管问题的公告》

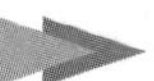

续表

分类	具体政策	政策来源
特殊群体帮扶政策	残疾人个人提供的加工、修理修配劳务，免征增值税；残疾人员本人为社会提供的服务，免征增值税	《财政部　国家税务总局关于促进残疾人就业税收优惠政策的通知》
	对持《就业创业证》人员从事个体经营的，在一定年限内，可按规定限额依次扣减其当年实际应缴纳的增值税、城市维护建设税、教育费附加、地方教育附加和个人所得税	《财政部　国家税务总局、人力资源社会保障部关于继续实施支持和促进重点群体创业就业有关税收政策的通知》
	残疾人个人提供的加工、修理修配劳务，为社会提供的应税服务，免征增值税	《财政部　国家税务总局关于全面推开营业税改征增值税试点的通知》附件 3《营业税改征增值税试点过渡政策的规定》第一条
	对安置残疾人的单位和个体工商户（以下称纳税人），实行由税务机关按纳税人安置残疾人的人数，限额即征即退增值税。每月可退还的增值税具体限额，由县级以上税务机关根据纳税人所在区县（含县级市、旗）适用的经省（含自治区、直辖市、计划单列市）人民政府批准的月最低工资标准的 4 倍确定 一个纳税期已交增值税额不足退还的，可在本纳税年度内以前纳税期已交增值税扣除已退增值税的余额中退还，仍不足退还的，可结转本纳税年度内以后纳税期退还，但不得结转以后年度退还。纳税期限不为按月的，只能对其符合条件的月份退还增值税	1.《财政部　国家税务总局关于促进残疾人就业增值税优惠政策的通知》 2.《国家税务总局关于发布〈促进残疾人就业增值税优惠政策管理办法〉的公告》
	1. 对安置残疾人的特殊教育学校举办的企业，实行由税务机关按纳税人安置残疾人的人数，限额即征即退增值税 2. 安置的每位残疾人每月可退还的增值税具体限额，由县级以上税务机关根据纳税人所在区县（含县级市、旗）适用的经省（含自治区、直辖市、计划单列市）人民政府批准的月最低工资标准的 4 倍确定 3. 在计算残疾人人数时，可将在企业上岗工作的特殊教育学校的全日制在校学生计算在内，在计算企业在职职工人数时，也要将上述学生计算在内	1.《财政部　国家税务总局关于促进残疾人就业增值税优惠政策的通知》第三条 2.《国家税务总局关于发布〈促进残疾人就业增值税优惠政策管理办法〉的公告》

续表

分类	具体政策	政策来源
鼓励社会力量扶贫政策	安置残疾人就业企业实际安置的每位残疾人员每月可退增值税，按所在地县（市、区）经省级人民政府批准的月最低工资标准的4倍确定；对商贸企业、服务型企业、劳动就业服务企业中的加工型企业和街道社区具有加工性质的小型企业实体，在新增加的岗位中，当年新招用登记失业半年以上且持《就业创业证》人员，与其签订1年以上期限劳动合同并依法缴纳社会保险费的，在3年内按实际招用人数予以定额依次扣减增值税、城市维护建设税、教育费附加、地方教育附加和企业所得税优惠	《财政部　国家税务总局关于促进残疾人就业税收优惠政策的通知》
符合条件的扶贫货物捐赠免征增值税	1. 2019年1月1日起至2022年12月31日，对单位或者个体工商户将自产、委托加工或购买的货物通过公益性社会组织、县级及以上人民政府及其组成部门和直属机构，或直接无偿捐赠给目标脱贫地区的单位和个人，免征增值税。在政策执行期限内，目标脱贫地区实现脱贫的，可继续适用上述政策 2. 在2015年1月1日至2018年12月31日期间已发生的符合上述条件的扶贫货物捐赠，可追溯执行上述增值税政策	《财政部　税务总局　国务院扶贫办关于扶贫货物捐赠免征增值税政策的公告》
基础设施建设税收优惠	2019年1月1日起至2020年12月31日，农村饮水安全工程运营管理单位向农村居民提供生活用水取得的自来水销售收入，免征增值税。对于既向城镇居民供水，又向农村居民供水的农村饮水安全工程运营管理单位，依据向农村居民供水收入占总供水收入的比例免征增值税	《财政部　税务总局关于继续实行农村饮水安全工程税收优惠政策的公告》第四条
	2014年7月1日起，县级及县级以下小型水力发电单位生产的电力，可选择按照简易办法依照3%征收率计算缴纳增值税	1.《财政部　国家税务总局关于部分货物适用增值税低税率和简易办法征收增值税政策的通知》第二条、第四条 2.《财政部　国家税务总局关于简并增值税征收率政策的通知》第二条、第四条

续表

分类	具体政策	政策来源
优化土地资源配置税收优惠	将土地使用权转让给农业生产者用于农业生产，免征增值税	《财政部　国家税务总局关于全面推开营业税改征增值税试点的通知》附件 3《营业税改征增值税试点过渡政策的规定》第一条
	纳税人采取转包、出租、互换、转让、入股等方式将承包地流转给农业生产者用于农业生产，免征增值税	《财政部　税务总局关于建筑服务等营改增试点政策的通知》第四条
	纳税人将国有农用地出租给农业生产者用于农业生产，免征增值税	《财政部　税务总局关于明确国有农用地出租等增值税政策的公告》第一条

资料来源：国家税务局网站：http：//www. chinatax. gov. cn/n810341/index. html。

4.1.2.2　企业所得税政策

表 4－2　　江西省现行支持脱贫攻坚企业所得税政策

分类	具体政策	政策来源
区域性企业所得税优惠政策	2012 年 1 月 1 日起至 2020 年 12 月 31 日，对设在赣州市的鼓励类产业的内资企业和外商投资企业，减按 15% 的税率征收企业所得税	《财政部　海关总署　国家税务总局关于赣州市执行西部大开发税收政策问题的通知》
	1. 2012 年 1 月 1 日起至 2020 年 12 月 31 日，对设在赣州市的鼓励类产业的内资企业和外商投资企业，减按 15% 的税率征收企业所得税 2. 2021 年 1 月 1 日起至 2030 年 12 月 31 日，对设在赣州市的鼓励类产业企业，减按 15% 的税率征收企业所得税	《财政部　海关总署　国家税务总局关于赣州市执行西部大开发税收政策问题的通知》
企业所得税帮农惠农政策	1. 以“公司＋农户”经营模式从事农、林、牧、渔业项目生产的企业，可以享受减免企业所得税优惠政策 2. 免征企业所得税项目 （1）从事蔬菜、谷物、薯类、油料、豆类、棉花、麻类、糖料、水果、坚果的种植； （2）农作物新品种的选育； （3）中药材的种植； （4）林木的培育和种植； （5）牲畜、家禽的饲养； （6）林产品的采集；	1.《中华人民共和国企业所得税法》第二十七条 2.《中华人民共和国企业所得税法实施条例》第八十六条 3.《财政部　国家税务总局关于发布〈享受企业所得税优惠政策的农产品初加工范围（试行）〉的通知》 4.《财政部　国家税务总局关于享受企业所得税优惠的农产品初加工有关范围的补充通知》

续表

分类	具体政策	政策来源
企业所得税帮农惠农政策	（7）灌溉、农产品初加工、兽医、农技推广、农机作业和维修等农、林、牧、渔服务业项目； （8）远洋捕捞。 3. 减半征收企业所得税项目 （1）从事花卉、茶以及其他饮料作物和香料作物的种植； （2）海水养殖、内陆养殖	5.《国家税务总局关于“公司＋农户”经营模式企业所得税优惠问题的公告》 6.《国家税务总局关于实施农林牧渔业项目企业所得税优惠问题的公告》
扶贫捐赠优惠政策	企业发生的公益性捐赠支出，在年度利润总额12%以内的部分，准予在计算应纳税所得额时扣除	《中华人民共和国企业所得税法》第九条
	《企业所得税法》第九条修改为：企业发生的公益性捐赠支出，在年度利润总额12%以内的部分，准予在计算应纳税所得额时扣除；超过年度利润总额12%的部分，准予结转以后三年内在计算应纳税所得额时扣除	十二届全国人大常委会第二十六次会议表决通过了关于修改《中华人民共和国企业所得税法》的决定
	用于公益事业的捐赠支出，是指《中华人民共和国公益事业捐赠法》规定的向公益事业的捐赠支出，具体范围包括救助灾害、救济贫困、扶助残疾人等困难的社会群体和个人的活动	《财政部　国家税务总局　民政部关于公益性捐赠税前扣除有关问题的通知》
	非营利组织接受企业单位或者个人捐赠的收入，为免税收入	《财政部　国家税务总局关于非营利组织企业所得税免税收入问题的通知》
	企业实施股权捐赠后，以其股权历史成本为依据确定捐赠额，并依此按照企业所得税法有关规定，在所得税前予以扣除	《财政部　国家税务总局关于公益股权捐赠企业所得税政策问题的通知》
	1. 2019年1月1日起至2022年12月31日，企业通过公益性社会组织或者县级（含县级）以上人民政府及其组成部门和直属机构，用于目标脱贫地区的扶贫捐赠支出，准予在计算企业所得税应纳税所得额时据实扣除。在政策执行期限内，目标脱贫地区实现脱贫的，可继续适用上述政策	《财政部　税务总局　国务院扶贫办关于企业扶贫捐赠所得税税前扣除政策的公告》

续表

分类	具体政策	政策来源
扶贫捐赠优惠政策	2. 企业同时发生扶贫捐赠支出和其他公益性捐赠支出，在计算公益性捐赠支出年度扣除限额时，符合上述条件的扶贫捐赠支出不计算在内 3. 企业在 2015 年 1 月 1 日至 2018 年 12 月 31 日期间已发生的符合上述条件的扶贫捐赠支出，尚未在计算企业所得税应纳税所得额时扣除的部分，可执行上述企业所得税政策	《财政部　税务总局　国务院扶贫办关于企业扶贫捐赠所得税税前扣除政策的公告》
促进农业资源综合利用企业所得税优惠	对企业以锯末、树皮、枝丫材为主要原材料，生产的人造板及其制品取得的收入，减按 90% 计入收入总额	《财政部　国家税务总局关于执行资源综合利用企业所得税优惠目录有关问题的通知》
	对企业以农作物秸秆及壳皮（包括粮食作物秸秆、农业经济作物秸秆、粮食壳皮、玉米芯）为主要原料，生产的代木产品、电力、热力及燃气取得的收入，减按 90% 计入收入总额	《财政部　国家税务总局　国家发展改革委关于公布〈资源综合利用企业所得税优惠目录（2008 年版）〉的通知》
	纳税人从事沼气综合开发利用项目中“畜禽养殖场和养殖小区沼气工程项目”的所得，自项目取得第一笔生产经营收入所属纳税年度起，第一年至第三年免征企业所得税，第四年至第六年减半征收企业所得税	1.《财政部　国家税务总局　国家发展改革委关于公布〈环境保护　节能节水项目企业所得税优惠目录（试行）〉的通知》 2.《财政部　国家税务总局关于公共基础设施项目和环境保护　节能节水项目企业所得税优惠政策问题的通知》
发展农村金融优惠政策	中和农信项目管理有限公司和中国扶贫基金会举办的农户自立服务社（中心）应对符合条件的农户小额贷款利息收入进行单独核算，不能单独核算的，不得适用该通知规定的优惠政策	《财政部　国家税务总局关于农村金融有关税收政策的通知》
	2014 年 1 月 1 日起至 2016 年 12 月 31 日，对金融机构农户小额贷款的利息收入，在计算应纳税所得额时，按 90% 计入收入总额；2014 年 1 月 1 日起至 2016 年 12 月 31 日，对保险公司为种植业、养殖业提供保险业务取得的保费收入，在计算应纳税所得额时，按 90% 计入收入总额	《财政部　国家税务总局关于延续并完善支持农村金融发展有关税收政策的通知》

续表

分类	具体政策	政策来源
发展农村金融优惠政策	2014年1月1日起至2018年12月31日，对金融机构涉农贷款和中小企业贷款进行风险分类后，按照以下比例计提的贷款损失准备金，准予在计算应纳税所得额时扣除：关注类贷款，计提比例为2%；次级类贷款，计提比例为25%；可疑类贷款，计提比例为50%；损失类贷款，计提比例为100%	《财政部　国家税务总局关于金融企业涉农贷款和中小企业贷款损失准备金税前扣除有关问题的通知》
	2017年1月1日起至2019年12月31日，对金融机构农户小额贷款的利息收入，免征增值税；2017年1月1日起至2019年12月31日，对金融机构农户小额贷款的利息收入，在计算应纳税所得额时，按90%计入收入总额；2017年1月1日起至2019年12月31日，对保险公司为种植业、养殖业提供保险业务取得的保费收入，在计算应纳税所得额时，按90%计入收入总额	《财政部　国家税务总局关于延续支持农村金融发展有关税收政策的通知》
	2023年12月31日前，对金融机构农户小额贷款的利息收入，在计算应纳税所得额时，按90%计入收入总额	1.《财政部　税务总局关于延续支持农村金融发展有关税收政策的通知》第二条、第四条 2.《财政部　税务总局关于延续实施普惠金融有关税收优惠政策的公告》
	2023年12月31日前，对保险公司为种植业、养殖业提供保险业务取得的保费收入，在计算应纳税所得额时，按90%计入收入总额	1.《财政部　税务总局关于延续支持农村金融发展有关税收政策的通知》第三条、第四条 2.《财政部　税务总局关于延续实施普惠金融有关税收优惠政策的公告》
金融企业涉农和中小企业贷款损失税前扣除	2019年1月1日起至2023年12月31日，金融企业根据《贷款风险分类指引》，对其涉农贷款和中小企业贷款进行风险分类后，按照以下比例计提的贷款损失准备金，准予在计算应纳税所得额时扣除： （1）关注类贷款，计提比例为2%； （2）次级类贷款，计提比例为25%； （3）可疑类贷款，计提比例为50%； （4）损失类贷款，计提比例为100%	《财政部　税务总局关于金融企业涉农贷款和中小企业贷款损失准备金税前扣除有关政策的公告》
	2023年12月31日前，对经省级金融管理部门（金融办、局等）批准成立的小额贷款公司按年末贷款余额的1%计提的贷款损失准备金，准予在企业所得税税前扣除	1.《财政部　税务总局关于小额贷款公司有关税收政策的通知》第三条 2.《财政部　税务总局关于延续实施普惠金融有关税收优惠政策的公告》

续表

分类	具体政策	政策来源
金融企业涉农和中小企业贷款损失税前扣除	金融企业涉农贷款、中小企业贷款逾期 1 年以上，经追索无法收回，应依据涉农贷款、中小企业贷款分类证明，按下列规定计算确认贷款损失进行税前扣除： (1) 单户贷款余额不超过 300 万元（含 300 万元）的，应依据向借款人和担保人的有关原始追索记录（包括司法追索、电话追索、信件追索和上门追索等原始记录之一，并由经办人和负责人共同签章确认），计算确认损失进行税前扣除； (2) 单户贷款余额超过 300 万元至 1000 万元（含 1000 万元）的，应依据有关原始追索记录（应当包括司法追索记录，并由经办人和负责人共同签章确认），计算确认损失进行税前扣除； (3) 单户贷款余额超过 1000 万元的，仍按《国家税务总局关于发布〈企业资产损失所得税税前扣除管理办法〉的公告》有关规定计算确认损失进行税前扣除	1.《国家税务总局关于金融企业涉农贷款和中小企业贷款损失税前扣除问题的公告》 2.《国家税务总局关于发布〈企业资产损失所得税税前扣除管理办法〉的公告》
中小企业融资（信用）担保机构有关准备金企业所得税税前扣除	2016 年 1 月 1 日起至 2020 年 12 月 31 日，对于符合条件的中小企业融资（信用）担保机构提取的以下准备金，准予在企业所得税税前扣除： (1) 按照不超过当年年末担保责任余额 1% 的比例计提的担保赔偿准备，允许在企业所得税税前扣除，同时将上年度计提的担保赔偿准备余额转为当期收入； (2) 按照不超过当年担保费收入 50% 的比例计提的未到期责任准备，允许在企业所得税税前扣除，同时将上年度计提的未到期责任准备余额转为当期收入	《财政部　国家税务总局关于中小企业融资（信用）担保机构有关准备金企业所得税税前扣除政策的通知》
小微企业优惠政策	2015 年 1 月 1 日起至 2017 年 12 月 31 日，对年应纳所得税额在 20 万元以下的小型微利企业，其所得减按 50% 计入应纳税所得额，按 20% 的税率缴纳企业所得税	《财政部　国家税务总局关于小型微利企业所得税优惠政策的通知》
	2015 年 10 月 1 日起至 2017 年 12 月 31 日，对年应纳所得税额在 20 万 ~30 万元的小型微利企业，其所得减按 50% 计入应纳税所得额，按 20% 的税率缴纳企业所得税	《财政部、国家税务总局关于进一步扩大小型微利企业所得税优惠政策范围的通知》

续表

分类	具体政策	政策来源
小微企业优惠政策	2017年1月1日起至2019年12月31日，将小型微利企业的年应纳税所得额上限由30万元提高至50万元，对年应纳税所得额低于50万元（含50万元）的小型微利企业，其所得减按50%计入应纳税所得额，按20%的税率缴纳企业所得税	《财政部　税务总局关于扩大小型微利企业所得税优惠政策范围的通知》
	2019年1月1日起至2021年12月31日，对小型微利企业年应纳税所得额不超过100万元的部分，减按25%计入应纳税所得额，按20%的税率缴纳企业所得税；对年应纳税所得额超过100万元但不超过300万元的部分，减按50%计入应纳税所得额，按20%的税率缴纳企业所得税	《财政部　税务总局关于实施小微企业普惠性税收减免政策的通知》第二条
安置残疾人就业的企业残疾人工资加计扣除	企业安置残疾人员的，在按照支付给残疾职工工资据实扣除的基础上，可以在计算应纳税所得额时按照支付给残疾职工工资的100%加计扣除	《财政部　国家税务总局关于安置残疾人员就业有关企业所得税优惠政策问题的通知》
支持贫困地区基础设施建设	从事《公共基础设施项目企业所得税优惠目录》规定的农村饮水安全工程新建项目投资经营的所得，自项目取得第一笔生产经营收入所属纳税年度起，第一年至第三年免征企业所得税，第四年至第六年减半征收企业所得税	《财政部　税务总局关于继续实行农村饮水安全工程税收优惠政策的公告》第五条
	企业从事国家重点扶持的公共基础设施项目的投资经营的所得，自项目取得第一笔生产经营收入所属纳税年度起，第一年至第三年免征企业所得税，第四年至第六年减半征收企业所得税	1.《财政部　国家税务总局　国家发展和改革委员会关于公布〈公共基础设施项目企业所得税优惠目录（2008年版）〉的通知》 2.《财政部　国家税务总局关于公共基础设施项目和环境保护　节能节水项目企业所得税优惠政策问题的通知》 3.《财政部　国家税务总局关于公共基础设施项目享受企业所得税优惠政策问题的补充通知》 4.《国家税务总局关于实施国家重点扶持的公共基础设施项目企业所得税优惠问题的通知》

资料来源：国家税务局网站：http：//www. chinatax. gov. cn/n810341/index. html。

4.1.2.3　个人所得税政策

（1）残疾、孤老人员和烈属的所得经批准可减征所得税。《中华人民共和国个人所得税法实施条例》第五条。

（2）对个人、个体户从事种植业、养殖业、饲养业和捕捞业，取得的“四业”所得，暂不征收个人所得税。《财政部　国家税务总局关于农村税费改革试点地区有关个人所得税问题的通知》。

（3）2018 年 1 月 1 日起至 2020 年 12 月 31 日，对易地扶贫搬迁贫困人口按规定取得的住房建设补助资金、拆旧复垦奖励资金等与易地扶贫搬迁相关的货币化补偿和易地扶贫搬迁安置住房，免征个人所得税。《财政部　国家税务总局关于易地扶贫搬迁税收优惠政策的通知》第一条。

（4）个人将其所得对教育、扶贫、济困等公益慈善事业进行捐赠，捐赠额未超过纳税人申报的应纳税所得额 30% 的部分，可以从其应纳税所得额中扣除；国务院规定对公益慈善事业捐赠实行全额税前扣除的，从其规定。《财政部　税务总局关于公益慈善事业捐赠个人所得税政策的公告》。

4.1.2.4　城镇土地使用税政策

（1）直接用于农、林、牧、渔业的生产用地免征城镇土地使用税。《中华人民共和国城镇土地使用税暂行条例》第六条第五项、《国家税务局关于检发〈关于土地使用税若干具体问题的解释和暂行规定〉的通知》第十一条。

（2）对水利设施及其管护用地（如水库库区、大坝、堤防、灌渠、泵站等用地），免征城镇土地使用税。《国家税务局关于水利设施用地征免土地使用税问题的规定》。

（3）2019 年 1 月 1 日起至 2021 年 12 月 31 日，对农产品批发市场、农贸市场（包括自有和承租）专门用于经营农产品的土地，暂免征收城镇土地使用税。对同时经营其他产品的农产品批发市场和农贸市场使用的土地，按其他产品与农产品交易场地面积的比例，确定征免城镇土地使用税。《财政部　税务总局关于继续实行农产品批发市场农贸市场房产税城镇土地使用税优惠政策的通知》。

（4）2019 年 1 月 1 日起至 2020 年 12 月 31 日，农村饮水安全工程运营管理单位自用的生产、办公用土地，免征城镇土地使用税。对于既向城镇居民供水，又向农村居民供水的饮水工程运营管理单位，依据向农村居民供水量占总供水量的比例，免征城镇土地使用税。《财政部　税务总局关于继续实行农村饮水安全工程税收优惠政策的公告》第三条。

（5）安置残疾人就业的单位，减免城镇土地使用税。《财政部　国家税务总局关于安置残疾人就业单位城镇土地使用税等政策的通知》第一条。

（6）2011 年 1 月 1 日起至 2020 年 12 月 31 日，长江上游、黄河中上游地区，东北、内蒙古等国有林区天然林二期工程实施企业和单位专门用于天然林保护工程的土地，免征城镇土地使用税。2011 年 1 月 1 日起至 2020 年 12 月 31 日，对由于实施天然林二期工程造成森工企业土地闲置一年以上不用的，暂免征收城镇土地使用税。《财政部　国家税务总局关于天然林保护工程（二期）实施企业和单位房产税　城镇土地使用税政策的通知》。

（7）2018 年 1 月 1 日起至 2020 年 12 月 31 日，对易地扶贫搬迁安置住房用地，免征城镇土地使用税。《财政部　国家税务总局关于易地扶贫搬迁税收优惠政策的通知》第二条。

4.1.2.5　耕地占用税政策

（1）占用耕地建设农田水利设施的单位和个人，不缴纳耕地占用税。《中华人民共和国耕地占用税法》第二条。

（2）农村居民在规定用地标准以内占用耕地新建自用住宅，按照当地适用税额减半征收耕地占用税；其中，农村居民经批准搬迁，新建自用住宅占用耕地不超过原宅基地面积的部分，免征耕地占用税。《国家税务总局关于耕地占用税征收管理有关事项的公告》第九条。

（3）农村烈士遗属、因公牺牲军人遗属、残疾军人以及符合农村最低生活保障条件的农村居民，在规定用地标准以内新建自用住宅，免征耕地占用税。《国家税务总局关于耕地占用税征收管理有关事项的公告》第九条。

4.1.2.6　房产税政策

（1）2019 年 1 月 1 日起至 2021 年 12 月 31 日，对农产品批发市场、农贸市场（包括自有和承租）专门用于经营农产品的房产，暂免征收房产税。对同时经营其他产品的农产品批发市场和农贸市场使用的房产，按其他产品与农产品交易场地面积的比例，确定征免房产税。《财政部　税务总局关于继续实行农产品批发市场农贸市场房产税城镇土地使用税优惠政策的通知》。

（2）2019年1月1日起至2020年12月31日，农村饮水安全工程运营管理单位自用的生产、办公用房产，免征房产税。对于既向城镇居民供水，又向农村居民供水的农村饮水安全工程运营管理单位，依据向农村居民供水量占总供水量的比例，免征房产税。《财政部 税务总局关于继续实行农村饮水安全工程税收优惠政策的公告》第三条。

（3）2011年1月1日起至2020年12月31日，长江上游、黄河中上游地区，东北、内蒙古等国有林区天然林二期工程实施企业和单位专门用于天然林保护工程的房产，免征房产税。2011年1月1日起至2020年12月31日，对由于实施天然林二期工程造成森工企业房产闲置一年以上不用的，暂免征收房产税。《财政部 国家税务总局关于天然林保护工程（二期）实施企业和单位房产税 城镇土地使用税政策的通知》。

4.1.2.7 契税政策

（1）2019年1月1日起至2020年12月31日，农村饮水安全工程运营管理单位为建设饮水工程而承受土地使用权，免征契税。对于既向城镇居民供水，又向农村居民供水的农村饮水安全工程运营管理单位，依据向农村居民供水量占总供水量的比例，免征契税。《财政部 税务总局关于继续实行农村饮水安全工程税收优惠政策的公告》第一条。

（2）经股份合作制改革后，承受原集体经济组织的土地、房屋权属，免征契税。《财政部 税务总局关于支持农村集体产权制度改革有关税收政策的通知》第一条。

（3）2017年1月1日起，对农村集体经济组织以及代行集体经济组织职能的村民委员会、村民小组进行清产核资收回集体资产而承受土地、房屋权属，免征契税。《财政部 税务总局关于支持农村集体产权制度改革有关税收政策的通知》第二条。

（4）对农村集体土地所有权、宅基地和集体建设用地使用权及地上房屋确权登记，不征收契税。《财政部 税务总局关于支持农村集体产权制度改革有关税收政策的通知》第三条。

（5）2018年1月1日起至2020年12月31日，对易地扶贫搬迁贫困人口按规定取得的安置住房，免征契税。《财政部　国家税务总局关于易地扶贫搬迁税收优惠政策的通知》第一条。

4.1.2.8　印花税政策

（1）国家指定的收购部门与村民委员会、农民个人书立的农副产品收购合同，免纳印花税。《中华人民共和国印花税暂行条例》第四条、《中华人民共和国印花税暂行条例施行细则》第十三条。

（2）农民专业合作社与本社成员签订的农业产品和农业生产资料购销合同，免征印花税。《财政部　国家税务总局关于农民专业合作社有关税收政策的通知》。

（3）自2017年1月1日起，对因农村集体经济组织以及代行集体经济组织职能的村民委员会、村民小组进行清产核资收回集体资产而签订的产权转移书据，免征印花税。《财政部　税务总局关于支持农村集体产权制度改革有关税收政策的通知》第二条。

（4）2019年1月1日起至2020年12月31日，农村饮水安全工程运营管理单位为建设饮水工程取得土地使用权而签订的产权转移书据，以及与施工单位签订的建设工程承包合同，免征印花税。对于既向城镇居民供水，又向农村居民供水的农村饮水安全工程运营管理单位，依据向农村居民供水量占总供水量的比例，免征印花税。《财政部　税务总局关于继续实行农村饮水安全工程税收优惠政策的公告》第二条。

（5）2018年1月1日起至2020年12月31日，对金融机构与小型企业、微型企业签订的借款合同，免征印花税。《财政部　税务总局关于支持小微企业融资有关税收政策的通知》第二条和第三条、《工业和信息化部　国家统计局　国家发展和改革委员会　财政部关于印发中小企业划型标准规定的通知》。

（6）对农林作物、牧业畜类保险合同，免征印花税。《国家税务局关于对保险公司征收印花税有关问题的通知》第二条。

（7）2018年1月1日起至2020年12月31日，对安置住房建设和分配过程中应由项目实施主体、项目单位缴纳的印花税，予以免征。《财政部　国家税务总局关于易地扶贫搬迁税收优惠政策的通知》第二条。

4.1.2.9 进口税收政策

（1）按照 2008 年 11 月 5 日修订通过的《中华人民共和国增值税暂行条例》第十五条规定，免征增值税包括外国政府、国际组织无偿援助的进口物资和设备，由残疾人的组织直接进口供残疾人专用的物品。

（2）2015 年 12 月 23 日，财政部、海关总署、国家税务总局发布的《慈善捐赠物资免征进口税收暂行办法》规定，对境外捐赠人无偿向受赠人捐赠的直接用于慈善事业的物资，免征进口关税和进口环节增值税。慈善事业是指非营利的慈善救助等社会慈善和福利事业，包括以捐赠财产方式自愿开展的扶贫济困，扶助老幼病残等困难群体。境外捐赠人是指中华人民共和国关境外的自然人、法人或者其他组织。该办法所称受赠人是指：国务院有关部门和各省、自治区、直辖市人民政府；中国红十字会总会、中华全国妇女联合会、中国残疾人联合会、中华慈善总会、中国初级卫生保健基金会、中国宋庆龄基金会和中国癌症基金会；经民政部或省级民政部门登记注册且被评定为 5A 级的以人道救助和发展慈善事业为宗旨的社会团体或基金会。民政部或省级民政部门负责出具证明有关社会团体或基金会符合本办法规定的受赠人条件的文件。用于慈善事业的物资包括生活必需用品、食品及饮用水、医疗、教学等大类的多种产品以及直接用于环境保护的专用仪器。

（3）2013 年 12 月 7 日修订通过的《中华人民共和国进出口关税条例》第四十五条规定，外国政府、国际组织无偿赠送的物资免征关税。

（4）财政部、海关总署、国家税务总局《关于深入实施西部大开发战略有关税收政策问题的通知》规定，对西部地区内资鼓励类产业、外商投资鼓励类产业及优势产业的项目在投资总额内进口的自用设备，在政策规定范围内免征关税。根据《财政部 海关总署 国家税务总局关于赣州市执行西部大开发税收政策问题的通知》规定，对赣州市内资鼓励类产业、外商投资鼓励类产业及优势产业的项目在投资总额内进口的自用设备，在政策规定范围内免征关税。

（5）2016 年 1 月 1 日起至 2020 年 12 月 31 日，对进口种子（苗）、种畜（禽）、鱼种（苗）和种用野生动植物种源，免征进口环节增值税。《财政部 国家税务总局关于“十三五”期间进口种子种源税收政策的通知》《财政部

海关总署　国家税务总局关于“十三五”期间进口种子种源税收政策管理办法的通知》《财政部　海关总署　税务总局关于取消“十三五”进口种子种源税收政策免税额度管理的通知》。

（6）经国务院批准，对《进口饲料免征增值税范围》所列进口饲料范围，免征进口环节增值税。《财政部　国家税务总局关于免征饲料进口环节增值税的通知》。

（7）境外捐赠人无偿向受赠人捐赠的直接用于慈善事业的物资，免征进口环节增值税；国际和外国医疗机构在我国从事慈善和人道医疗救助活动，供免费使用的医疗药品和器械及在治疗过程中使用的消耗性的医用卫生材料比照前款执行。《财政部　海关总署　国家税务总局关于公布〈慈善捐赠物资免征进口税收暂行办法〉的公告》。

4.1.2.10　其他政策

（1）对农用三轮车，免征车辆购置税。《财政部　国家税务总局关于农用三轮车免征车辆购置税的通知》。

（2）增值税小规模纳税人中月销售额不超过2万元（按季纳税6万元）的企业和非企业性单位提供的应税服务，免征文化事业建设费。《财政部　国家税务总局关于营业税改征增值税试点有关文化事业建设费政策及征收管理问题的通知》。

（3）2019年1月1日起至2021年12月31日，从事个体经营的，自办理个体工商户登记当月起，在3年（36个月）内按每户每年12000元为限额，依次扣减其当年实际应缴纳的增值税、城市维护建设税、教育费附加、地方教育附加和个人所得税。限额标准最高可上浮20%，各省、自治区、直辖市人民政府可根据本地区实际情况在此幅度内确定具体限额标准。在2021年12月31日未享受满3年的，可继续享受至3年期满为止。《国家税务总局　人力资源社会保障部　国务院扶贫办　教育部关于实施支持和促进重点群体创业就业有关税收政策具体操作问题的公告》第一条。

（4）2019年1月1日起至2021年12月31日，由省、自治区、直辖市人民政府根据本地区实际情况，以及宏观调控需要确定，对增值税小规模纳税人可以在50%的税额幅度内，减征资源税、城市维护建设税、房产税、城镇土

地使用税、印花税（不含证券交易印花税）、耕地占用税和教育费附加、地方教育附加。增值税小规模纳税人已依法享受资源税、城市维护建设税、房产税、城镇土地使用税、印花税、耕地占用税、教育费附加、地方教育附加其他优惠政策的，可叠加享受上述优惠政策。《财政部　税务总局关于实施小微企业普惠性税收减免政策的通知》第三条、第四条。

（5）2019 年 1 月 1 日起至 2021 年 12 月 31 日，自签订劳动合同并缴纳社会保险当月起，在 3 年（36 个月）内按实际招用人数，予以定额依次扣减增值税、城市维护建设税、教育费附加、地方教育附加和企业所得税优惠。定额标准为每人每年 6000 元，最高可上浮 30%，各省、自治区、直辖市人民政府可根据本地区实际情况，在此幅度内确定具体定额标准。在 2021 年 12 月 31 日未享受满 3 年的，可继续享受至 3 年期满为止。《财政部　税务总局　人力资源社会保障部　国务院扶贫办关于进一步支持和促进重点群体创业就业有关税收政策的通知》第二条、第五条。

（6）捕捞、养殖渔船，免征车船税。《中华人民共和国车船税法》第三条第一项、《中华人民共和国车船税法实施条例》第七条。

（7）省、自治区、直辖市人民政府根据当地实际情况，可以对公共交通车船、农村居民拥有并主要在农村地区使用的摩托车、三轮汽车和低速载货汽车，定期减征或者免征车船税。《中华人民共和国车船税法》第五条、《中华人民共和国车船税法实施条例》第二十六条。

（8）按月纳税的月销售额不超过 10 万元，以及按季度纳税的季度销售额不超过 30 万元的缴纳义务人，免征教育费附加、地方教育附加、水利建设基金。《财政部　国家税务总局关于扩大有关政府性基金免征范围的通知》。

4.2　江西省现行支持脱贫攻坚的财税政策问题分析

4.2.1　财政政策存在的主要问题

4.2.1.1　财政扶贫投入不足

尽管江西省近年来不断加大财政扶贫资金投入，但是，由于江西省脱贫任务重，贫困人口基数大，财政扶贫资金投入仍旧难以满足实际需求，难以从根本上扭转农村贫困现象。财政扶贫总量上看是不少，但由于贫困人口比重大，人均财政扶贫投入相对较低，并且资金投入使用“碎片化”，效益不高，难以满足贫困地区的资金需求。从扶贫投入的数量来看，贫困地区有针对性的投入不够、优惠政策落实程度低、资金不足，特别是专项扶贫资金占比不高，对贫困地区和贫困人口的补助水平低，覆盖面窄，不能有效分散贫困居民可能遇到的各种风险。从扶贫投入效率来看，扶贫资金使用呈现“碎片化”，影响了资金的使用效益。虽然近年来财政用于农村贫困地区的综合扶贫投入持续增加，但其中，除专项扶贫资金、用于支持边境及少数民族地区等发展的转移支付资金外，还有水利、社保、交通、卫生、教育、计生等多个部门的资金投入，资金来源分散且部门分割管理，使得资金使用的效益偏低，难以形成资金合力。

4.2.1.2 财政扶贫支出结构不合理

目前，江西省财政扶贫资金投向主要以农业投入为主，并且农村基础设施建设投入多，农村社会服务投入相对较少。近年来，尽管江西省政府财政支出规模不断扩大，但主要增加在建设性支出和政府消费性支出，在实际帮扶工作中，对贫困对象更关注的学业、就业以及生产救助、农业实用技术、市场营销、创收活动等的扶贫支出却存在不足现象，没能促进贫困地区人才的集聚、技术的提高以及投资环境的改善。脱贫攻坚资金在人才、技术支出的缺失，实质在于实施脱贫攻坚过程当中，存在突击式短期行为，重“输血”轻“造血”现象较为普遍，因此，财政扶贫支出结构急需完善。2018 年，江西省财政扶贫资金在农村基础设施建设方面的投入达到当年财政扶贫资金的 27%，而对农村社会服务的投入一般不超过 5%，用于教育、医疗卫生、社会保障的支出相对较少，不利于贫困地区人民自我发展能力的培育。由此可见，财政扶贫资金的使用正在基础设施化，出现这种情况主要有以下几个原因：一是国家对财政扶贫资金的特定用途的限定。比如，以工代赈资金中用于县乡公路、农田水利等基础设施建设的比例约占 3/4；扶贫贴息贷款中用于农村基础设施建设的比例占 40%。由于这种对扶贫资金投向的内在规定性，使得扶贫资金向基础设施建设倾斜。二是扶贫对象村级瞄准方式使财政扶贫资金向重点村转移，为

了尽快促进贫困农户增收，在项目选择上优先考虑见效快的基础设施建设，收益不明显的社会服务领域往往被忽视。

4.2.1.3　贫困地区基础设施建设投入不足

贫困地区农村基础设施建设往往比较落后。农户经济能力不足，缺乏投资热情，组织、协调工作困难，财政投入不够，决策机制不科学等是造成贫困地区农村基础设施建设相对滞后的主要原因。江西以丘陵地为主，且农村地形地貌复杂，通电、通水、通路较为困难，许多农村地区特别是贫困地区几乎仍然处于未开发状态，在贫困地区普遍存在行路难、上学难、看病难、饮水难、通信难等问题。

一是江西农村生产性基础设施普遍存在设施老化，新建和更新改造投资严重不足；生态家园、文明新村建设覆盖面很低，退耕还林、退耕还草、农业生态环境的改善任重而道远；以农产品综合市场和茶叶、生猪、药材等农产品专业市场建设为重点的农产品流通服务体系及设施落后。

二是农村基础设施普遍存在低档和硬件设施供给多、高档和软件设施供给少的问题。很多农村交通设施落后，虽然基本实现了村村通公路，但公路质量较差。江西通公路的村为 17004 个，占比为 97.7%，但水泥路面仅为 59.7%，柏油路面占 7.4%，而沙石路面占 27.6%，砖石、板路面占 0.1%，其他路面占 5.2%。同时，农业生产性基础设施普遍存在着年久失修、功能老化、更新改造缓慢等问题；并且，由于农村基层组织的管理功能普遍薄弱，许多农村小型基础设施处于无人管理的状态，导致了大量的设施损坏严重。

三是绝大部分农村地区的文化、体育、娱乐、休闲等生活服务性基础设施的建设不完善，尤其是与农民的身体健康息息相关的医疗服务设施也较为缺乏。第二次全国农业普查资料显示，江西省有卫生室的村为 14185 个，占比仅为 81.5%；有行医资格证书接生员的村为 4753 个，占比仅为 27.3%。

4.2.1.4　扶贫资金投向精准度较低

财政扶贫资金投向精准度较低也是江西省脱贫攻坚工作开展的一大阻碍。精准度不高的主要原因在于：一是扶贫项目审批时对“大项目”的偏好，容易使小规模以及多样化的贫困人口需求因达不到项目选择标准而被忽略。也就是说，扶贫资金的使用偏离了最贫困人口的实际需求，这在一定程度上导致扶贫目标瞄准偏离，这种偏离主要是非贫困农户排挤贫困农户，从扶贫资金中受益；二是财政部门的绩效考核往往注重直接产出的指标性考核，而忽略社会性指标方面的考察。这样的考核方式直接影响扶贫资金的使用方向，使大部分扶贫资金投入到修建公路等可以直接衡量产出的项目上，而投入到教育、卫生等无法直接衡量效益的项目上的资金较少，导致资金投入的预期结果与产生的实际效果存在着一定的偏离；三是贫困群体识别中本身就存在偏离。目前，江西省实行村级瞄准的方式，与县级瞄准相比，虽然已经调高了瞄准的精确度，但是由于目前仍然缺乏完整的村级统计资料、简单易操作的识别方法和识别贫困村的监督机制，因此仍然有很多贫困村未纳入扶贫范围。

4.2.1.5 财政资金支持社会保障力度不足

尽管当前江西省农村低保实现了广覆盖，最困难的贫困群体有了社会保障资金兜底，同时，江西省农村低保标准也从 2010 年的每月 110 元增加到了 2018 年的每月 340 元，低保补助标准有了大幅度提高，但是农村低保的标准仍然很低，2018 年江西省农村低保标准为每月 340 元，而同期城镇低保标准为每月 580 元，对比数据可以看出，农村低保水平只有城市低保的 60% 左右，城乡标准差距较大。

与此同时，尽管各级地方政府在社会保障支出方面的投入总量较过去有了大幅度增长，但是人均社会保障支出水平仍然较低，难以满足群众的需求。新时期的脱贫攻坚工作，江西省农村困难群体面临的问题从过去的同质连片性转变为异质分散性、从收入型转变为支出型、从年轻并且有劳动能力者占多数转变为年老和缺乏劳动能力者占多数等。针对农村特困人口，因其收入低，没有能力缴纳养老保险费用；针对因病致贫人口的治病支出；针对因学致贫的教育支出；针对农村老龄化带来的农村养老保险覆盖比例不高等问题，这些新出现的贫困情况都需要通过财政资金、通过加大支持社会保障力度来加以应对。

4.2.1.6 财政支持职业教育培训投入较低

脱贫攻坚的关键在于“扶人”，“扶人”的关键在于提升其自身的人力资本。贫困问题之所以表现出长期性、反复性和周期性的特点，其主要原因在于未能充分发挥贫困群众的自主性和主观能动性，贫困群众的“思想贫困”问

题较为突出，如果不能充分调动贫困群众的主观能动性，首先从思想上实现脱贫，而仅仅依靠加大政府财政投入，这种脱贫方式促进贫困人口的收入增长不具有持续性。当前，江西省财政不断加大教育支出，尽管江西省教育扶贫投入支出总量不小，但是人均水平仍然较低，与发达地区相比有着较大的差距。并且教育扶贫资金投向不够精准，教育扶贫资金更多的是大水漫灌式的投入，针对职业教育培训投入比例较低，教育扶贫成效不显著。因此，针对贫困人口，应集中资金和资源，加强对其“精准培训”，精准职业教育扶贫能够直观、有效地提升人力资本，从而实现可持续性脱贫。要想使职业教育扶贫达到最大效率，必须要“精准培训”，不仅要扶智且必须是“学有所用”，使所有拥有劳动能力的贫困群众掌握一项谋生的技能，从而实现真正意义上的脱贫。

4.2.2　税收政策存在的主要问题

4.2.2.1　针对扶贫项目税收优惠力度不够

当前，江西省针对扶贫项目的税收优惠主要体现在企业所得税和关税等少数税种上。例如，在企业所得税方面，赣南等原中央苏区属于集中连片特困地区的县分处江西赣州、吉安、抚州等设区市，而按规定只有赣州市能够执行西部大开发税收优惠政策，这意味着其他同等贫困县与赣州市所辖县待遇上的不平等。而且，针对所得税的优惠政策，属于“事后优惠”，部分收益低甚至亏损的扶贫项目则无法享受。在关税方面，进口关税优惠政策被限定在特殊行业和项目上，很显然，农村落后地区的大部分扶贫开发项目也无法享受此优惠。由于贫困地区产业基础薄弱，扶贫产业项目发展壮大难，对扶贫产业项目缺乏针对性税收优惠。特别是利用产业扶贫资金建设的项目也享受不到专门的税收优惠政策，不利于这些项目做大做强，持续惠及贫困人口。对于移民安置的相关企业建设项目，也没有针对性的专项税收优惠扶持，既不利于动员社会力量参与扶贫，也不利于易地居民的安居乐业。

4.2.2.2　针对贫困地区缺乏专项税收优惠政策

目前，系统性专门针对贫困地区的税收优惠政策较为缺乏，尚未做到“对症下药”。现行的税收优惠政策主要集中于环保节能、高新技术等前沿的、新兴的产业，然而，这些领域并不是贫困地区重点发展的产业。对于贫困地区来说，完善区位优势、基础设施与基础产业等产业领域是其最为重要的发展环节，但针对贫困地区产业发展特点的税收优惠政策往往处于乏力状态，没有起到振兴贫困地区经济的作用。加之当前企业所得税的减免政策主要是涉及民间资本不愿涉足的高投入、周期长的产业，除非予以强有力、见效快的税收优惠政策来引导，否则单凭见效缓慢的企业所得税减免难以吸引民间资本投资到贫困地区。江西省作为新中国革命的摇篮，也作为一个中部欠发达省份，拥有大片的革命老区和贫困地区。然而，目前政策层面也缺乏专门针对革命老区、集中连片特困地区脱贫攻坚的税收优惠政策，由于革命老区、集中连片特困地区经济发展滞后，加之现有一些税收优惠政策的设计存在覆盖面窄、享受优惠门槛高、优惠时限短等问题，脱贫攻坚税收政策的精准性和长效性也不够，实践中难以充分发挥帮助贫困地区脱贫攻坚的作用。并且原有区域性优惠政策的实施范围与贫困地区不匹配，容易造成国内的税收洼地，形成国内版的税基侵蚀与利润转移。

4.2.2.3 公益性捐赠税收激励制度不够完善

在企业所得税方面，按照最新修订的现行制度，对于企业捐赠超过当年应纳税所得额扣除标准的，只允许向后结转 3 年，这与国际税收惯例仍有差距，不利于企业逐年消化一次性较多的捐赠，既影响了企业公益捐赠的热情，又无益于社会公益资源的集中。同时，现行的捐赠法规对于捐赠的限制条件过多，不利于激发企业的积极性。在个人所得税方面，现行的捐赠规定限制条件过多，比如，公益捐赠范围有限，必须通过特定的渠道进行，必须有合法的限额，必须取得合法有效的凭证作为抵扣依据等，这些限制条件将会对居民个人的捐赠造成不便，影响其积极性。对个人的公益捐赠，在缴纳个人所得税时，只允许扣除未超过应纳税所得额 30% 的部分，扣除比例偏低。而且，按现行规定，捐赠人只有向指定渠道捐赠才能享受税收优惠，捐赠渠道窄，税收优惠政策享受难，这些都在一定程度上削弱了企业和个人参与公益捐赠的积极性。

4.2.2.4 资源税生态补偿机制存在问题

赣南等原中央苏区矿产资源具有较强的优势，赣州、龙岩等地是我国钨、

稀土、萤石矿和铀矿资源的重点储藏区。随着矿产资产的全面开采，生态环境遭到了严重破坏。为使原中央苏区的生态环境得到修复与保护，可以在矿产资源开采生态补偿财税政策方面提供一些政策，包括改革资源税、生态保护修复保证金、生态修复补助资金等。2016 年 5 月 10 日，财政部、国家税务总局发布《关于全面推进资源税改革的通知》，宣布从 7 月 1 日起全面推进资源税改革，将开展对水资源税改革试点工作。随着经济发展方式的转变，针对贫困地区经济增长的绿色生态考核标准日益严格，传统扶贫中过度依赖资源消耗与高投入的产业扶贫方式需要进行调整，急需出台绿色税收扶贫政策，通过税收扶贫政策促进贫困地区实现绿色脱贫，由于资源税征收是属地征收，资源税的开征对这些地区具有补偿作用，因此客观上对贫困地区有利。

4.2.2.5　贫困地区财力匮乏缺乏主体税种

随着“营改增”的完成，具有地方税性质的资源税和房地产税改革尚未到位，造成贫困地区地方税主体税种缺失，结果导致省级以下财政收支缺口越来越大，加剧了区域性贫困地区财政扶贫资金筹集的难度，亟需完善地方税体系建设。赋予省以下各级地方政府相应的财权和财力，提高贫困地区财政减贫能力。在收入安排上，进一步推进地方税收体系建设，将税制改革作为完善省以下财政体制的重要内容，逐步健全和完善地方税收体系。在支出安排上，完善一般转移支付和专项转移支付，调整政府间支出责任时上级政府必须提供足够财力作为保障。

4.2.2.6　税收优惠政策扶贫针对性不够

当前，脱贫攻坚中很多税收优惠政策并不具有很强的针对性，很多税收政策并非专门为扶贫量身定做的，而是对现行已有的税收政策的梳理。例如，目前税收优惠政策大都被冠以“依法”二字。对此可以有两种理解：一种理解是相关税收优惠会通过未来立法的方式兑现，另一种理解是已经有税法对相关税收优惠作出具体规定，此处只是援引与重申之意。实际上，仔细推敲，并未发现有专门针对脱贫出台的税收优惠政策。所谓的税收优惠政策，实际上主要是指诸如西部大开发税收优惠，农业相关的税收优惠，吸收失业人口就业的税收优惠，个人或者企业公益捐赠税前扣除等，这些税收优惠从内容上观察，并非脱贫攻坚的专属。换言之，这类税收优惠政策并不要求一定是来扶贫的，只是用来贯彻国家的某一种价值导向，比如，促进西部大开发、“三农”问题的解决、减少失业人口以促进就业、鼓励社会慈善捐助，等等。这些问题的解决或许有助于缓解贫困，但这种关联性表现得较为间接，并非“一对一”式扶贫，很大程度上是区域瞄准式扶贫理念的反映，与脱贫攻坚的内在理念难以契合。

第 5 章

江西省脱贫攻坚财税政策效应分析

根据财政学、税收学、公共经济学、发展经济学、福利经济学以及扶贫相关理论，财税政策与农村扶贫开发有着密切的联系，是影响农村扶贫效果的重要因素之一。财政政策和税收政策会改变企业、居民的经济行为选择，将在很大程度上影响扶贫的效果。因此，模型选择财税因素作为解释变量，贫困发生率为被解释变量。解释变量包括财政支出和税收收入的总量与结构，同时，考虑到地区财力的大小也对扶贫有着非常重要的影响，故在解释变量中加入江西省各地市农村人均纯收入。

5.1 财税收支规模效应分析

本章的原始数据主要来自江西省的各年度统计年鉴，选取 2011 ~ 2018 年的样本数据。在收集数据的过程中，发现对 2010 年之前贫困人口数据查找较为困难。鉴于时间和数据所限，选择贫困人口指标进行时间序列分析效果不佳，因此，本章选择江西省农村人均纯收入作为衡量脱贫效果的指标。INC 为江西省农民人均纯收入，GOV 为江西省一般公共预算支出，TAX 为江西省税收收入。为了降低数据回归中出现异方差和多重共线性的程度，在建立相关模型之前，我们对初始数据进行处理：将江西省农民人均纯收入、江西省一般公共预算支出和江西省税收收入取自然对数，分别使用 LINC、LGOV、LTAX 表示自然对数后的江西省农民人均纯收入、江西省一般公共预算支出和江西省税收收入，同时，在经济领域的时间序列有可能出现一个随机游走的过程。

本章采用单位根检验（unit root test）中的 ADF（augmented dickey-fuller）检验来考察数据的平稳性。最后，通过非限制性向量自回归模型（VAR）对江西省农村人均纯收入与江西省一般公共预算、江西省税收收入之间的关系进行研究。以三个变量滞后一期的 VAR 模型为例，方程如下：

$$y_{1,t} = C_1 + a_{11,1}y_{1,t-1} + a_{12,1}y_{2,t-1} + \varepsilon_{1t} \tag{5-1}$$

$$y_{2,t} = C_2 + b_{21,1}y_{1,t-1} + b_{22,1}y_{2,t-1} + \varepsilon_{2t} \tag{5-2}$$

$$y_{3,t} = C_2 + b_{31,1}y_{1,t-1} + b_{32,1}y_{3,t-1} + \varepsilon_{3t} \tag{5-3}$$

$$\varepsilon_{1t},\ \varepsilon_{2t},\ \varepsilon_{3t}\text{iid}\ (0,\ \delta^2),\ \text{cov}\ (\varepsilon_{1t},\ \varepsilon_{2t},\ \varepsilon_{3t}) = 0 \tag{5-4}$$

5.1.1 数据的平稳性检验

ADF 检验的模型：C 为截距项，δ 为趋势项，C、δ、γ 都为参数，为随机误差项，是服从独立同分布的白噪声过程。如果序列没有截距项和时间趋势项，就可以选择不包含常数和时间趋势项的检验方程。检验原假设为：$\gamma=0$，备择假设为：$\gamma<0$。原假设为：序列至少存在一个单位根，备择假设为：序列不存在单位根。利用 Eviews6.0 软件分别对江西省农民人均纯收入（INC），江西省一般公共预算支出（GOV）、江西省税收收入（TAX）三个时间序列及其差分序列进行单位根检验。将其与临界值进行比较，如果小于临界值，则表明结果是平稳的，否则是不平稳的。检验结果见表 5-1。

表 5-1　　ADF 单位根检验结果

变量	ADF	1%临界值	5%临界值	10%临界值	P 值	结论
INC	2.3147	-3.8315	-3.0299	-2.6552	0.9998	不平稳
GOV	-1.062	-3.8573	-3.0404	-2.6605	0.7068	不平稳
TAX	-1.8555	-3.8867	-3.0522	-2.6666	0.3434	不平稳
DINC	-3.1667	-3.8574	-3.0404	-2.6605	0.0393	平稳
DGOV	-1.9587	-3.8574	-3.0404	-2.6605	0.3005	不平稳
DTAX	-1.5124	-3.8574	-3.0404	-2.6605	0.5046	不平稳
DDINC	-3.5255	-4.0579	-3.1199	-2.7011	0.0250	平稳
DDGOV	-5.8384	-3.8867	-3.0522	-2.6666	0.0002	平稳
DDTAX	-4.6552	-3.8867	-3.0522	-2.6666	0.0022	平稳

由表 5-1 可以看出，在 10% 的显著性水平下，虽然变量 INC、GOV、

TAX是非平稳的，但其二阶差分变量DDINC、DDGOV、DDTAX是平稳的。因此，INC、GOV、TAX为二阶单整序列I（2），协整分析的基本条件已经满足，二者之间是否存在长期协整关系需要进一步检验。

5.1.2 协整分析与Granger因果检验

5.1.2.1 协整检验

协整分析是一种研究在序列组中是否存在某种长期均衡关系的计量工具，它研究的是两个或两个以上经济变量的平稳性，由于现实中单个时间序列数据常常是非平稳的，而多个变量的线性组合却是平稳的，因而能够有效剔除“伪回归”问题。其经济意义是：对于若干个各自具有长期波动规律的变量，如果是协整的，则它们之间存在长期的均衡关系，当受到一次冲击时，只能使协整变量暂时地偏离均衡位置，而在长期中会自动回复到均衡位置。因此，我们可以通过一个（些）变量的波动来研究另外一个（些）变量的波动。

在进行因果关系检验之前，必须对变量INC、GOV、TAX进行协整分析。本章采用Johansen-Juslius方法进行协整检验。对二阶单整序列INC、GOV、TAX进行J-J协整检验并求得协整向量。利用Eviews6.0软件分析得到的结果整理见表5－2。

表5－2　　J-J协整检验

原假设：协整向量的个数	特征值	迹统计量	临界值（5%）	P值[2]	最大特征值统计量	临界值（5%）	P值[3]
None	0.9977	110.9743	29.7971	0.0001	97.5377	21.1316	0.0001
Atmost1	0.5358	15.4947	13.4326	0.0999	14.2646	12.2786	0.1006
Atmost2	0.0696	3.8414	1.1540	0.2827	3.8414	1.1540	0.2827

从表5－2可以看出，由于迹统计量和最大特征值统计量全部大于其对应的5%临界值，说明协整关系是存在的。从概率的角度来看，可得出同样的结论。因此，二阶单整序列INC、GOV、TAX存在协整关系。

5.1.2.2 误差分析

从协整检验可以看出，江西省农民人均纯收入与江西省一般公共预算支出、江西省税收收入之间存在长期均衡关系，对于短期的均衡与否，则需要进一步检验，首先，根据分析得到误差调整项为：

$$ECM_{t-1} = LINC_{t-1} + 0.5401LGOV_{t-1} - 1.0842LTAX_{t-1} - 5.2091 \quad (5-5)$$

从经济意义上来说，协整关系仅仅表示一种长期的均衡关系，在短期内这种均衡关系经常会出现偏离。为了解决短期这种偏差，在江西省农民人均纯收入对江西省一般公共预算支出、江西省税收收入的影响研究中，利用Eviews6.0软件分析，确定误差修正模型如下：

$$\Delta LINC_t = 0.1517 - 0.4638\Delta LINC_{t-1} - 0.8321\Delta LGOV_{t-1} + 0.6407\Delta LTAX_{t-2} - 149.4ECM_{t-1} \quad (5-6)$$

式（5-5）中，ECM_{t-1}是误差修正项的滞后一期值。模型说明，在短期内，INC增长的变动受到GOV变动的影响。如果按照5%的显著性水平，滞后一期的INC增长变动和滞后一期的误差修正项ECM_{t-1}对当年INC增长程度变动的影响作用都是显著的。其中，误差修正项的系数反映了系统自身修正偏离均衡误差的作用机制，模型中的误差修正项系数为-149.4，说明误差修正速度飞快，误差修正能力比较强，符号为负数，说明这种修正是反向的，符合误差修正原理。

5.1.2.3 格兰杰因果检验

协整关系是一种长期均衡稳定关系，因此，需要验证其因果关系是否成立。本章采用Granger检验考察财政科技投入与专利申请授权数之间的因果关系，当F-Statistic > 显著性水平下临界值或P < 显著性水平时，拒绝原假设，变量x1是变量x2的格兰杰原因。选择滞后期（lags）=3，无约束VAR模型残差分析来确定。检验结果见表5-3。

表5-3　变量间的Granger因果关系检验结果

原假设	F统计量	P值	因果关系
LGOV不能格兰杰导致LINC	8.73172	0.0039	存在格兰杰原因
LINC不能格兰杰导致LGOV	1.19999	0.6325	不存在格兰杰原因
LTAX不能格兰杰导致LINC	8.50494	0.0043	存在格兰杰原因
LINC不能格兰杰导致LTAX	2.60929	0.7115	不存在格兰杰原因

经过对上述模型的分析以及格兰杰因果关系检验结果，可以得出以下结

 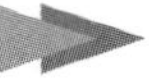

论：第一，在15%显著水平条件下，GOV是INC的格兰杰原因，但是，INC不是引起GOV增长的原因；TAX是INC的格兰杰原因，但是，INC不是引起TAX增长的原因。这说明GOV和TAX是INC增长的重要影响因素，但是，INC增长对GOV和TAX增长的影响效应尚不明显，由此可见，政府一般公共预算支出以及税收收入是农民人均纯收入的重要影响因素。第二，一般公共预算支出对农民人均纯收入影响较大，而税收收入对农民人均纯收入影响较小，原因判断主要可能是2006年国家取消农业税后，针对农民农业生产相关税收很少，税收政策对农民生活生产影响不大。而随着脱贫攻坚工作的推进，各级政府加大脱贫攻坚财政专项支出，帮助农民增收减贫，财政政策效果较为显著。

5.2 财税收支结构效应分析

5.2.1 模型构建

为了更好地了解财政支出和税收收入对贫困发生率的影响，建立江西省11个地市财税收支结构与贫困发生率的计量模型。i、t分别表示地市和年份。其中，Y_{it}为第i市t年的贫困发生率，将财政支出细分为教育支出（$EXJY_{it}$）、社会保障与就业支出（$EXSJ_{it}$）、医疗卫生支出（$EXYL_{it}$）、农林水事务支出（$EXNY_{it}$）；税收收入细分为商品税（$TAXA_{it}$）、企业所得税（$TAXB_{it}$）和个人所得税（$TAXC_{it}$），a为常数项，u_i为个体效应，e_i为随机扰动项。建立的反映财政收支结构与贫困发生率的模型，具体如下：

$$Y_{it} = a + \beta_1 EXJY_{ij} + \beta_2 EXSJ_{ij} + \beta_3 EXYL_{ij} + \beta_4 EXNY_{ij} + \beta_5 TAXA_{ij} + \beta_6 TAXB_{ij} + \beta_7 TAXC_{ij} + u_i + e_i \quad (5-7)$$

5.2.2 数据说明及描述性统计

由于贫困发生率与贫困标准紧密关联，我国贫困标准由2010年的不变价年人均纯收入1274元上升到2011年2300元，故2011年前后不具有可比性，在收集数据的过程中，发现对2011年之前的数据查找较为困难。鉴于时间和数据所限，本章选择2011~2018年江西省11个地市8年的面板数据进行实证分析，原始数据来源于《江西省统计年鉴》（2011～2019 年）、江西省各地市地方统计年鉴（2011～2019 年）以及各地市政府网站各部门公报，等等。考虑到江西省各地市在面积、人口上存在极大的差异，为更准确地反映各地居民享受公共产品和服务以及税收负担在数量和结构上的差异，本章采用各财政收支总量及财政收支项目的人均额来比较各地财政收支的异同，以期更客观地反映各地财政收支总量和结构对贫困发生率的影响。其中，贫困发生率是各地市贫困人口占各地市总人数的比重；教育支出、社会保障与就业支出、医疗卫生支出、农林水事务支出；商品税、企业所得税、个人所得税为各地市人均值的对数值，数据描述性统计见表 5－4。

表 5－4　数据描述性统计

变量	Obs	Mean	Std. Dev.	Min	Max
Y	88	10.19	2.52	6.09	14.76
EXJY	88	7.12	0.23	6.61	7.46
EXSJ	88	6.74	0.29	6.11	7.38
EXYL	88	6.38	0.28	5.89	6.99
EXNY	88	6.69	0.27	6.04	7.35
TAXA	88	7.20	0.49	6.24	7.99
TAXB	88	5.44	0.52	4.58	6.66
TAXC	88	4.18	0.76	3.05	6.63

5.2.3　财政收支结构对贫困发生率的影响

为得到稳健的回归结果，使用 White 截面加权法（White cross-section）消除模型残差的个体异方差和同期相关性。回归结果见表 5－5。

表 5－5　结构效应分析

变量	实证结果
EXJY	－1.0429* （3.282）
EXSJ	－9.9138*** （3.4882）
EXYL	－1.4382 （2.236）
EXNY	3.2974 （3.471）

续表

变量	实证结果
TAXA	0. 9512 (3. 598)
TAXB	-0. 4136 * (1. 078)
TAXC	-0. 6981 (3. 710)
C	9. 749 ** (23. 599)
r2	0. 9428
F	35. 36
模型选择	个体固定效应
N	88

注：*、**、*** 分别表示在 1%、5%、10% 水平上显著。

由回归结果可知，模型能够很好地拟合变量间的关系，模型的可信度较高。结构效应模型回归的经济含义表明，财政收支结构中各项对贫困发生率具有不同的效应。结构效应模型回归经济含义表明如下。

第一，社会保障和就业支出与贫困发生率具有显著的负相关关系，对降低贫困发生率具有显著促进作用。近些年来，江西省农村社会保障取得了长足的发展，覆盖面不断扩大，保障水平大幅提高，对农村贫困人口起到很好的保障功能，加大社会保障的投入对农村扶贫攻坚具有重要的意义。

第二，政府支农支出不能显著影响贫困发生率，但从系数符号来看，与贫困发生率呈现负相关关系。加大支农支出力度可以有效降低贫困发生率，但由于江西省财政支农支出缺乏稳定长效增长机制、资金管理不规范，致使其实际运行效果欠佳，不能显著影响贫困发生率。

第三，教育支出和医疗支出对贫困发生率的影响不显著，从系数符号看，教育支出有利于降低贫困发生率。由于地方政府出于政绩的考虑，对经济发展型公共品的支出规模逐渐扩大，而对发展型公共品（如教育）的支出较少，支出规模较小与效用的时滞性导致科教文卫支出对贫困发生率影响较小。

第四，政府投资性支出与贫困发生率呈正相关，但结果不显著。这主要与在发展上重城市轻农村有关，地方政府对城镇的投资性支出大量挤占农村的投资性支出，不利于农村的贫困问题的解决。

第五，企业所得税和个人所得税与贫困发生率负相关，且个人所得税对贫困发生率有显著的影响。企业所得税和个人所得税对农村居民来说基本影响不大，扶贫的税收优惠政策对企业的吸引力不足，但个税的征收以及不断提升征管水平可以很好地发挥收入再分配功能，可以缩小收入差距。

第六，商品税与贫困发生率正相关，这主要归因于商品税的税负转嫁特征，贫困地区的居民也要承担较重的商品税税负。

5.3 小结

实证结果表明，财税政策对贫困发生率有较大的影响，主要表现在几个方面：第一，社会保障与就业支出和个人所得税对贫困发生率具有显著的影响，社会保障与就业支出和个人所得税的增加可以有效降低贫困发生率；第二，政府投资性支出与贫困发生率呈正相关，而教育卫生、支农支出与贫困发生率呈负相关；第三，商品课税与贫困发生率正相关，企业所得税与贫困发生率负相关，但并不显著。因此，为有效发挥财税政策在脱贫攻坚中的作用，降低贫困发生率，实现全民小康社会，一要调整财政支出结构，改变重城镇轻农村、重工业轻农业的支出模式，不断加大财政对农村基础设施建设的投入力度，加大农村社会保障与就业支出力度，加大贫困地区科教文卫投入力度；二要加大实施支持脱贫攻坚的税收优惠政策力度，调整税收收入结构，提高所得课税比重，降低商品课税比重，逐渐减轻社会总体税负，合理税收负担，缩小贫富差距。

第 6 章

国内外扶贫财税政策及经验借鉴

6.1 国外扶贫财税政策

6.1.1 美国扶贫财税政策

尽管美国作为一个老牌资本主义强国，经济发展水平处在世界前列，但是贫困问题也一直困扰着美国社会。无论是在城市还是在乡村地区，人们经常可以看到许多人居住在年久失修的房子里，流浪汉的踪影遍布美国各大城市的街道角落，许多贫困人口得不到足够的医疗服务和充分的教育培训。根据美国社会保障管理局关于贫困线的标准界定，即如果一个人的收入低于“充分营养食谱”开支的3倍，那他就是属于贫困人口。如果只计现金收入，包括所接受的政府现金转移支付，那么在2016年，美国有3650万人被划入贫困人口，占总人口的13.8%。有孩子的家庭比没有孩子的家庭更可能生活在贫困之中，约40%的贫困人口是儿童，超过1/3的贫困人口生活在户主为没有丈夫的女性家庭中，老年人比其他人口群体具有更低的贫困率，在美国，大约有12%的老年人（65岁以上）生活贫困。为了减缓贫困、缩小贫富差距，美国政府实施了一系列的财税政策来推进扶贫工作。

第一，扶贫资金方面。美国政府主要通过转移支付、财政补助来加大对西部贫困地区的财政投资力度，从而促进西部贫困地区的发展。专项补助、分类补助是美国联邦财政补助的主要形式。专项补助是一种有条件的补助，针对的是某些专门化的项目，具有很强的约束性，联邦政府会对其用途、金额、使用期限等作出各种具体规定，州和地方政府不能随意支配，必须做到专款专用。分类补助受到的约束条件较少，联邦政府对其作用范围作出规定，但对资金配套率方面没有作出详细规定。从增加西部地方政府收入方面看，分类补助显得更有效。美国政府扶贫方案采取两种基本形式：一是现金转移支付；二是非现金补助，包括帮助穷人获得食物和住房的补贴，提供医疗保健之类的基本的商品和服务，以及各种帮助儿童和为穷人提供工作机会以使他们自力更生的政府方案。在这些援助中，大部分采取直接提供商品或服务，或者为穷人获得商品和服务提供补贴帮助。除了现金补助外，美国联邦政府和州政府还以实物的方式对穷人进行补助，主要包括提供医疗补助、食品券、住房补贴，以及其他直接提供给接受者或者以补助价格提供给有资格的家庭或个人的服务。食品券是一种由联邦政府提供资金的补贴方案，该方案是由州政府组织实施的，受助者必须通过收入调查。受助者可以用食品券在商店里换回食物和相关物品，食品券的实际数量随个人的收入和政府批准的可扣除项目的变动而变化，随着收入的增加，受助者得到的补助减少。从市场价值看，美国对穷人实施援助的福利体系已经向实物转移支付严重倾斜。1997 年，对穷人的现金转移支付只占联邦政府对穷人援助总支出的 31%，其余的 69% 是实物转移支付。许多支持实物转移支付项目的人认为，该项目有助于受助者将补助金花在必需品而不是奢侈品上。同时，实物转移支付代替了那些原本花费在有补贴的食品上的现金，这些现金就可以省下来花费在没有补贴的物品上。换句话说，和现金补贴一样，实物补贴同样提高了对所需商品的购买。

第二，农村基础设施建设方面。美国政府加大对农村交通、通信、水利等基础设施建设力度，改善村民生产生活条件。地方政府获得联邦政府的转移支付资金主要投入到基础设施和公共工程上，如修建水电工程、修建公路、搭建信息网络、环境保护等。

第三，农村扶贫教育投入方面。教育和培训援助主要包括四个方面的内容：免除义务教育阶段学龄儿童的学费，并向贫困学生提供免费午餐；对贫困大学生提供助学金、奖学金以及生活补贴帮其顺利完成学业；向低收入成年人提供就业与培训服务，为他们创造暑期工作机会；对于残疾人，资助特殊教育的教学区和学前特殊教育。美国政府非常重视基础教育，联邦政府的教育支出主要用于贫困地区的义务教育，州政府每年财政支出的 85% 左右用于教育，通过联邦政府、州政府加大财力支持，美国贫困地区从小学、中学到州立大学都实现了义务教育。

第四，社会保障方面。美国社会保障制度比较健全，一方面，失业者可以申请失业保险救助，看病有医疗保险；另一方面，有公共援助与福利，由政府提供现金和实物福利项目，主要有抚育未成年儿童家庭援助、公共医疗补助、儿童营养项目、社会服务、一般援助、住房补助、教育补助等。其为贫困家庭提供价格比较低廉的公共租赁房，并且为帮助贫困家庭购买自有住宅，建立了抵押贷款保险体系；免费为贫困人口提供医疗服务，并为 65 岁以上老人和残疾人提供医疗保险服务；失业人口可以在失业期领取失业保险金，帮助他们度过困难时期。而且美国民间社会慈善机制比较健全，人们都乐于参与民间慈善组织和机构，很多贫困人口可以接受各种慈善机构，如教会、慈善基金的捐赠，包括食品和现金，许多义工甚至帮助把食品直接送到家门口。其中，在针对穷人的公共援助项目中，医疗补助已经成为其中开支最大的一种。医疗补助制度始于 1965 年，它为 65 岁以下的穷人提供医疗保健服务。该方案由联邦政府和州政府共同出资，但是由州政府负责管理并实施，它为所有有资格获得现金补贴的人以及其他符合收入状况调查的人提供支持。1997 年，联邦政府在医疗补助项目上的支出总计 1050 亿美元，占政府总支出的 0. 635% 。该项目使大约 2400 万人受益，约占贫困家庭成员的 60% 。该项目的受助者用一张信用卡代替现金，向外科医生和医院支付医疗服务的费用。在医疗补助项目中，除亚利桑那州外，其他所有的州都对有资格的接受者提供基本的健康服务。各州自行决定获得医疗补助的资格条件，并且可以提供高于联邦法律所规定的最低水平的支持。各州都制定了各自向受助者提供医疗服务的供给者的报酬支付政策，医疗服务提供者的费用直接由各州政府负担。

第五，扶贫税收优惠方面。一是美国政府对西部贫困地区实行相对独立的税收优惠政策，贫困地区的地方政府根据本地区的实际情况，积极制定各种优惠政策，吸引企业家来该地投资。政府主要采取的措施有实行相对独立的税收优惠政策及相对较低的税率政策。同时，美国政府在经济较发达、收入较高的东北部和五大湖地区征收较高的所得税，在贫困地区征收较低的所得税，相对减轻了贫困地区的税收负担，刺激了各种资源向贫困地区转移，极大地促进了贫困地区的经济发展。1993 年，克林顿执政期间，颁布了《联邦受援区域受援社区法案》，规定政府拨款 25 亿美元无偿用于税收优惠。由于累进税制具有自动调节的功能，美国政府比较注重利用累进税制调节西部贫困地区与其他发达地区的收入差距。二是美国政府对贫困人口给予税收优惠政策，这项政策主要针对低收入家庭，共包括四项减免优惠，即儿童课税减免优惠、工作所得课税减免优惠、劳动所得课税减免优惠、教育机会课税减免优惠，每一种税收优惠都不同程度减轻了贫困家庭和个人的纳税负担。EITC 政策是一种针对低收入劳动者的税收与福利政策，只要申请人符合条件，便允许从应纳税额中直接扣减抵免额；如若抵免额大于当期应纳税额，申请人还能够直接取得返还收入。美国从 1975 年开始实施 EITC 政策。因为通货膨胀，其实际抵免水平逐渐降低。有鉴于此，美国 1986 年实施的税收改革法案大幅提升了 EITC 的抵免额并使其与通货膨胀之间实现了指数化。EITC 政策的主要目标之一是将财政资金向中低收入家庭特别是有小孩的家庭转移，从而帮助低收入家庭摆脱或减轻贫困。此外，EITC 政策还致力于提高劳动参与率。通过鼓励工作，EITC 政策致力于实现福利政策的“公平兼顾效率”的目标，这也是 EITC 政策区别于其他转移支付政策的最主要体现。1991 年，EITC 政策首次考虑了抚养小孩数目影响，即对抚养 2 个或以上小孩的家庭或个人提供更高的抵免额。在 1993 年，EITC 政策则首次允许符合条件的无小孩家庭进行一定数量的抵免。之后的 EITC 政策基本趋于稳定，未出现较大的变动与调整。当前，EITC 政策已经发展成为美国社会安全网的核心组成部分。2013 年，美国 EITC 的报税者数量为 2880 万人，抵免总金额为 680 亿美元，有小孩家庭平均获得的抵免额为 3063 美元。此外，在美国，农业投资被认为是农场主合法的“避税所”，政府对农业和农民在个人所得税、财产税、投资税上都规定了特别优惠政策，采取这种合法途径最高可获得应税收入 48% 的税收减免。

6.1.2 德国扶贫财税政策

20 世纪末期，德国的贫困地区主要集中在德国东部地区，表现为东部地

区的劳动生产率只是西部地区的 1/3 左右，人均收入仅为西部地区的 40% 左右。为了促进东部贫困地区发展，德国政府制订“团结协议”（德国反贫困政策），为帮助东部重建，政府每年向东部地区提供数十亿欧元的援助款，加快了贫困地区的发展，有效地控制了地区间经济差异的扩大。德国对“贫穷”的定义是每月可供花费的金额少于 870 欧元，最新的研究表明，德国目前的城市贫困问题反倒比农村更为严重，主要原因在于城市中普遍存在较多高风险族群：失业者、单亲父母、具有移民背景的家庭，这些群体的收入一般较低。德国扶贫具体做法如下。

第一，扶贫资金方面。德国政府主要是通过转移支付向贫困地区增加扶贫资金，缩小地区间财力水平差距。采用因素法计算转移支付数额，确保贫困地区的财力能够实现横向与纵向均衡。德国政府运用法人税，使贫困地区的财力水平达到其他地区平均值的 92%，并且通过财政转移支付，使贫困地区的人均财政收入达到德国全国平均水平的 95%。同时，还向贫困地区拨付特别拨款，弥补贫困地区的财政缺口。

第二，财政补贴方面。政府通过财政补贴吸引企业和个人向贫困地区投资，从而推进经济发展，提供更多的就业机会。德国反贫困的财政补贴主要有直接补贴和间接补贴两种。直接补贴包括投资补贴、特定资助、低息贷款和特殊折旧等。间接补贴是指政府为了加强贫困地区基础设施建设，实行的一种利息较低的贷款政策。另外，德国政府还实施了一种补贴政策，规定投资者到贫困地区投资可以得到政府的“促进费”，但是适用该政策的条件是投资者必须投资于当地基础设施建设，并且补贴资金的使用必须与具体项目相联系。

第三，社会保障方面。一是社会救济，主要面向那些生活贫困的低收入群体持续发放，目的在于让那些陷入生存困境的群体通过接受救济能够维持一种符合人性尊严的基本生活。同时，政府也希望通过这种救助能够帮助贫困人群重返劳动力市场、获得自立的能力。社会救济的发放主要依靠地方政府，可以是现金形式，也可以是实物形式，其中，资金的 75% 是来自市、县政府，州政府只负担其余的 25%。二是住房津贴，主要是面向低收入、多子女家庭及残疾人、老年人发放，用来减轻他们的房租负担。凡收入不足以租住适当面积住房的公民都可以享受国家提供的住房补贴。三是青年津贴，针对没有能力承担教育培训费用的中学生和大学生发放，他们可以申请这项补贴来获得平等的学校教育及职业培训的机会。

6.1.3 韩国扶贫财税政策

自20世纪70年代以来，经过多年的不懈努力，韩国农村扶贫工作完成了农村的工业化道路，农民生活水平与城市居民基本相同，彻底改变了农村贫穷落后的面貌。这一时期韩国政府主要是通过“新村运动”，激发农民的自助精神与合作精神来开发农村，提升农村人力资本，提高农村扶贫工作的效率，实现贫困地区农民脱贫致富的目标。韩国扶贫财税政策主要如下。

第一，在扶贫资金方面。由于基础设施具有公共物品的属性，韩国政府多方面拓宽筹资渠道，鼓励更多民间资本参与基础设施建设，形成了以政府与民间资本共同建设的格局。韩国《小城镇培育事业10年促进计划》规定，行政自治部、国库补助资金管理部门、门道政府、市郡政府对于小城镇建设各自承担资金的比例为2:2:1:1。此外，还鼓励民间投资，韩国政府制定了《基础设施吸引民间资本促进法》等政策法规，并设立国民投资基金，利用银行贴息的办法低利率贷款给基础设施承建企业，以此来吸引更多的民间资本。这些灵活、多渠道的措施为城镇化建设提供了充足的资金，保障了基础设施建设的顺利进行。与此同时，韩国政府还通过实物形式对贫困地区加以扶持，据统计，1970~1978年，平均每个村获得水泥84吨，钢筋2.6吨。

第二，农村基础设施建设方面。加速完善了农村基础设施建设和农户住房条件，有效地改变了农村的面貌。1970年11月至1971年7月，韩国政府为全国3.5万个村庄平均每村提供335包水泥，用于改善乡村环境，主要包括：拓宽村庄马路、改良屋顶围墙、改善饮水条件、建设公共洗衣场和澡堂、架设桥梁和整治溪流。随后，政府继续加大对农村地区的支持力度，每村增加500袋水泥和1吨钢筋。同时，政府制定了“支援优秀乡村”的原则，进行有区别性支援，把全国3.5万个村以乡村发展阶段划分为“基础、自助、自立”三个类型，成绩最佳的划为自立村，最差的划为基础村，政府的援助物资只分配给自立村和基础村。1973年，全国有1/3的基础村，此后基础村迅速减少，

到 1978 年基础村基本上消失，约有 2/3 的村升为自立村。

第三，农村教育支出方面。由于韩国政府长期对教育进行大量财政投资，从而确保了政府对贫困农村人力资源的持续开发，政府逐年增加教育经费的投资力度，某些年份教育经费的增长率甚至超过了 GDP 的增长率，这为农村人力资源的开发提供了充足的资金。1994 年 6 月，在“推动农渔村及农政改革会议”中，提出 21 世纪实现农村的现代化。为此，研究制定了关于促进农渔村发展的 14 项 40 条政策措施，其中，教育一项共 6 条：大学以区域划定招生名额；优先照顾农业高中毕业生升学，对 1 万名来自渔村的大学新生提供注册金；优先在农渔村地区建立专科大学；到 1997 年为止，完善农渔村小学的各项办学条件；在人事制度方面，对农渔村学校的教师给予优厚待遇；把农渔村高中生减免学费比率由 15% 提高到 30%。

第四，农业技能培训方面。韩国政府在推行农村人力资本投资的过程中，不仅加强了对农民农业基础知识的教育，同时也加强了对农民思想的教育。在义务教育阶段就开始了对农民的农业基础知识教育，有助于其今后从事各种农业活动。此外，国家还通过各种媒体大力宣传农民勤勉、自助、协作的精神，鼓励农民学习先进的农业技术，充分调动农民参与农业生产的积极性和创造性。在农业技能方面最具有代表性的就是设有专门的培训机构——研修院，其培训内容侧重于公民使命感教育与职业必修的实用技术。通过动态、游艺、参与式的培训形式，达到有感、有趣、有益的培训效果。新村教育的培训工作，坚持以学员为中心，以适应和满足学员个性化需求和提高学员自身素质为宗旨，开展一些符合学员志愿的社区服务同社会实践相结合，传统文化、国家理念同个人理想相结合的活生生的培训活动。

6.1.4　印度扶贫财税政策

印度是个农业大国，也是一个相对落后的国家，经过 20 多年的经济改革和调整，印度经济发展取得了显著成就，但依然存在大量贫困人口，减贫、扶贫工作任重道远，特别是受体制安排、种姓制度和政府财政投入不足等因素的影响，印度的城乡差距、区域间的发展失衡问题还没有从根本上得到解决，经济和社会发展任重道远。为了改变这种发展的不平衡，印度政府在“十一五”

计划中提出包容性增长的扶贫开发理念，旨在通过经济社会的协调持续发展，改善民生，缩小差距，增加弱势群体的收入水平，共享发展成果，实现人的全面发展和社会的包容性进步。印度采取的扶贫财税政策具体包括以下几个方面。

第一，财政扶贫资金方面。印度从第五个五年计划起，逐渐增加扶贫预算开支比例，在乡村就业计划和社会福利上亦是投入大量资金。印度政府的扶贫开发工作主要是以财政转移支付、金融支持和财政补贴等方式来实现扶贫目标，以财政转移支付为主。在持续加大政府转移支付的同时，印度政府不断深化与银行金融机构的合作，建立了与伊斯兰银行、印度储备银行、印度农业和农村开发银行、地区农村银行、农村合作银行（即信贷合作社）和土地开发银行等的合作，依托金融机构，实施多项扶贫金融措施，创新信贷机构发放农村贷款的办法，制定粮食作物“作物保险”和“自然灾害法”，为贫困地区农业经济发展提供金融支持。另外，对农户购买资产进行直接的补贴，根据贫困程度，补贴资产总值的25% ~50%。

第二，加大扶贫基础设施建设方面。1996 年 10 月，印度政府制定了一系列新的发展战略，包括加快基础设施建设、实施新工业政策、加快资金流动等。基础设施建设的重点是公路、铁路、机场、能源和电信设施的建设，其中，把通信和交通设施作为重中之重。支持农业、林业和园艺业的发展，出资兴建了一大批水利灌溉设施，扶持相关开发和培训项目，做到扶贫与开发相结合。满足人类基本需要战略的实施，使印度从缺粮国一跃成为粮食剩余国并略有出口，使印度的贫困发生率从 20 世纪 70 年代末的 51% 下降到 80 年代的 30%。

第三，支持产业扶贫方面。印度政府从两个方面大力支持产业扶贫：一是大力发展技术领先的小产业、乡村工业，形成小产业集群效应。在制定的五年计划中，印度政府都会列出专项资金资助发展小型企业，成立数百个农村小产业中心，帮助农民创办小型企业，拓宽贫困地区农民生产性就业渠道。二是大力开发农村传统工业，推进农业产业化经营，帮助农村贫困人口实现自我就业。对于自谋职业者和从事农村传统工业的农民，政府不仅提供资金支持，而且还给予就业津贴。

第四，支持贫困地区教育培训方面。印度政府不断增加扶贫资金对教育的投入，注重对贫困人员加强农业技术的培训，提高就业能力。大力实施农村人力资源开发和农村青年专项技能培训计划，提升贫困人口自我造血能力，帮助农村青年自谋职业或自主创业，实现收入来源的多样性。

第五，支持社会保障与就业方面。印度政府向生活在贫困线以下的家庭，按每户 4 人计算，每月发放 25 公斤粮食作为基本生活补贴，并在粮食分配环节实施有差别的价格政策。在解决农村就业问题方面，除了实施农村贫困人口自我就业项目外，还增加了基础设施建设中的公共投资，以工代赈，实施各种农村发展计划来增加就业。印度政府从 1989 年开始实施全国农村就业项目，通过修建基础设施一方面改善贫困地区的生活条件，另一方面为贫困人口增加就业机会。在资金的负担上，中央政府承担 80%，地方政府承担 20%，并将目标人群分为有地的贫困农户和无地农民两类。该项目为第一种农户提供雇工就业，这一子计划属于开发式扶贫，即通过农业开发，提高贫困人口的收入，从而解决贫困人口的基本生活问题；另一子计划解决无地农民的就业，为农民增加就业机会，主要是通过专门机构实施的农村基础设施工程来增加就业机会。

6.1.5　巴西扶贫财税政策

巴西是一个人口较多的发展中国家，经济社会发展水平较低，贫富差距悬殊，贫困问题比较突出。过去十几年，巴西在扶贫方面取得很大成效，2003 年，巴西贫困人口总数达 6180 万人，其中 2600 万人处于绝对贫困。政府大力推行“零饥饿”和“家庭补助金”等计划，到 2013 年，巴西贫困人口已下降了 54%，绝对贫困人口下降了 60%，10 年间，巴西有近 4000 万人成功脱贫。[①] 巴西政府实施的扶贫措施主要倾向于缩小城乡的贫富差距水平、改善分配不公、提高贫困人口的自身发展能力等方面，具体措施如下。

第一，扶贫资金方面。巴西政府支持扶贫资金投入主要通过几个渠道：一是巴西政府通过完善转移支付措施缩小地区间的差异，尤其是横向转移支付。

① 荀伟．寨卡疫情或驱使巴西加大贫困地区投入［N］．经济参考报，2016－05－10.

巴西政府的转移支付力度较大，横向转移支付的规模很可观，每年都从财政实力雄厚的地区转移大量的财政资金用来支持落后地区的发展。据统计，巴西政府每年从发达地区转移的资金占贫困地区工农业产值的15%～20%，最高年份达25%，约相当于全国贫困地区同年投资额的50%。二是巴西政府利用税收杠杆积累扶贫资金，通过法律手段向富人征税，救助穷人。比如房产税，扣除一定的住宅面积后按面积征税，房子越多，质量越高，纳税越多。三是增设银行存款流动税，从银行账户向外拨款，征收5‰流动税，用于扶贫助困。四是巴西政府还利用各种优惠政策吸引外资来弥补财政扶贫资金的短缺。

第二，落后地区移民搬迁扶贫方面。为了进一步加快北部和中部开发的步伐，巴西政府于1960年将首都从里约热内卢迁至巴西利亚。巴西利亚地理位置优越，作为全国政治、文化和交通中心，其辐射力可以达到边疆地区。在迁都后的3～5年，中西部地区的经济尤其是农业经济得到了长足发展。同时，组织东南居民向中西部和北部的四个洲移民，组织东南移民迁入定居，开发土地资源，强化农业基地建设，从而为工业西进、北上提供所需劳动力和农产品资源，进而改善人口和农业布局，这些举措都极大地促进了巴西中西部贫困地区的开发。

第三，教育扶贫方面。巴西政府从2003年起，制定并实施了成人扫盲计划、职业培训计划等。具体措施包括为农村贫困家庭入学子女免费发放教科书，帮助落后地区培养教师等，取得了良好的效果。另外，针对农村贫困生辍学率高的情况，政府向贫困家庭子女提供助学金，并且从2005年起巴西政府开始在部分公立大学试行为农村贫困生保留一定比例的入学名额的政策。除了重视教育外，巴西政府还举办培训班提高农民的种植技术和就业技能，提高他们的增收能力，在反贫困中发挥了重要作用。为了加快不发达地区发展步伐，巴西政府累计投资7亿美元成立东北部教育基金，帮助不发达地区培养师资，免费发放教科书，1996年，启动“远距离教学计划”，通过电视卫星向偏远地区播放教学节目，使不发达地区文盲率大大降低。

第四，制定落后地区“增长极”发展战略。1970年，巴西政府制定了《全国一体化规划》，其目的在于推进亚马孙地区经济开发，特别是农业开发，

以改变原有农业生产布局，建立具有国际竞争力的农业生产部门。同时，巴西政府也制定地区性综合开发计划，如中西部开发计划，试图通过该地区公路、仓储、食品加工业等基础设施建设及该地区沼泽地治理，加速区域开发。采取财政刺激办法筹集开发资金，引导私人向落后地区和农业部门投资；通过预算拨款保证区域开发所需资金，使开发计划得以顺利实施；实行农业品最低价格保护政策，鼓励农业发展，特别是保护新开发地区生产者利益；加强开发地区基础设施建设，特别是交通运输业和电子业建设。

第五，社会保障方面。巴西政府主要通过几个方面支持社会保障扶贫：一是巴西政府在扶贫过程中试行全民免费医疗制度，使贫困人口能得到基本的医疗保障；二是实行覆盖城乡的基本生活保障制度，在农村实行零饥饿和家庭救助计划，每个月向低收入家庭发放补助现金。“家庭救助金计划”是巴西反贫困的重要组成部分，其作用是向人均月收入低于100雷亚尔的贫困家庭提供基本的生活保障。它对帮助对象的核实比较严格，对享受该计划的成员实行登记制管理，相关家庭成员持身份和收入证明在当地政府进行登记，且这种登记不是永久性的，每两年重新登记一次，通过政府和银行合作，给符合条件的家庭发一张银行卡，每月定期打入15～95雷亚尔的救助金。

第六，扶贫税收优惠方面。巴西政府为了促进贫困地区的发展，制定了许多税收方面的优惠政策，比如，私企到亚马孙河流域投资建工厂，可以在前10年免缴所得税；为了扩大生产规模需要从国外进口商品，免缴进口关税，从国外进口的消费品和原材料免缴商品流通税；对于前往亚马孙河流域投资的外国汽车厂商提供大幅减税优惠，等等。亚马孙河流域的这些税收优惠政策，吸引了大量投资者到该地投资，这些政策极大地促进了亚马孙河流域经济、社会各方面的发展，加速了该地脱贫步伐。巴西政府还将马瑙斯地区开辟为自由贸易区，并提供各种优惠政策，吸引国外投资，重点发展电子、摩托车等技术密集型产业。巴西政府规定自由贸易区投资企业均能得到“亚马孙开发私人投资基金”赞助，对于国内企业实行免缴利润税、工业产品税、商品流转税，免缴工业生产所需进口机器设备、零配件和材料税。

6.2 国内其他省份脱贫财税政策

6.2.1 河北省脱贫攻坚财税政策

河北省在脱贫攻坚进程中，着眼于促进县域经济发展，以深度贫困区为抓手，重点支持10个深度贫困区产业发展、基础设施建设、教育发展、社保兜底等方面，加大深度贫困地区财政支持力度。2003年，河北省在坚持分税制体制框架的前提下，出台了《关于深化财政体制改革的实施意见》，对省以下财政体制进行了完善，制定实施了省对市县的激励性财政体制政策。2008年，为更加准确地实行分类激励措施，依据各地区人均GDP、人均财力、农民人均纯收入等标准，将全省136个县（市）分为困难地区、中间地区、较好地区三类地区，对不同地区实行分类扶持。2012年7月，河北省财政厅出台了《关于积极发挥财政职能推动贫困地区加快发展的意见》，指出进一步强化激励性财政体制政策，对国家级扶贫开发工作重点县实行省级分享增值税、营业税、企业所得税“核定基数、超收全返、一定四年”的财政体制政策。2017年，河北省政府再次出台方案，确定对深度贫困区县，如坝上地区的康保、沽源、尚义、张北、丰宁、围场及深山区的阳原、阜平、涞源、隆化等10个深度贫困县和206个深度贫困村，进行集中攻坚。认真贯彻落实习近平总书记提出的“新增脱贫攻坚资金主要用于深度贫困地区”要求，加大财政支持力度，坚持既“输血”又“造血”，补短板、促发展，推进深度贫困县脱贫攻坚，支持和保障深度贫困县脱贫摘帽。

（1）加大对深度贫困区的财政支持力度。截至2017年底，在贷款贴息、保费补贴、风险补偿等财政政策支持下，全省扶贫小额信贷累计向扶贫龙头企业和贫困农户放贷296亿元。对10个深度贫困县实施特殊支持政策，省级安排的贫困县整合使用财政涉农资金切出10%、省级财政扶贫发展资金切出25%，集中用于支持10个县脱贫攻坚，省级整合涉农资金已下达10县4.7亿元，省级扶贫发展资金已切块下达2.3亿元。省财政厅对10个深度贫困县实施加大财力性转移支付支持、加大重点生态功能区转移支付补助力度等10项支持政策。其中，支持10个深度贫困县扶贫投融资平台建设，每县设立不低

于1亿元的担保基金、3000万元的风险补偿金、2000万元的保险基金。到2017年底，已下达深度贫困县落实10项支持政策省以上财政资金82.8亿元。

（2）加大深度贫困地区基础建设力度。聚焦基础设施薄弱这一制约深度贫困县发展的瓶颈，积极筹措资金，高标准支持完善基础设施。对10个深度贫困县普通干线公路和农村公路省级补助标准较非贫困县现行补助标准提高50%，大大推动10县农村公路建设进程；农村危房改造户均补助标准较全省平均水平提高20%，切实保障深度贫困县的群众住房安全。

（3）提高社会保障的兜底保障功能。为补齐深度贫困县社会事业发展短板，河北省统筹中央和省级社会救助资金，按照在每年正常拨付额基础上再增加5%的要求分配下达。统筹2017年中央转移支付资金、省级预算安排资金和市县资金，保障10县农村低保标准提高到3300元。统筹2016年城乡医疗救助资金结余和2017年中央、省级财政资金，全面落实贫困人口参加城乡基本医疗保险个人缴费标准部分全额资助政策。

（4）加大贫困地区教育、异地搬迁投入力度。教育扶贫是阻断贫困代际传递的重要途径，也是脱贫攻坚的治本之计。河北省提出，深度贫困县“全面改薄”资金（全面改善贫困地区义务教育薄弱学校基本办学条件）在现有基础上增加10%。异地搬迁是帮助贫困群众挪穷窝、斩穷根的关键举措。2017年，河北省财政厅安排资本金19.5亿元，贴息资金2.5亿元，资金安排保障了易地扶贫搬迁工程进度需要。

（5）加大脱贫资金使用的绩效管理。着眼精准扶贫、精准脱贫，着力加强财政专项扶贫资金管理，提升资金使用绩效。2017年，河北省财政厅联合扶贫办开展包括10个深度贫困县在内的财政专项扶贫资金大检查，重点解决资金沉淀、投入不准问题，确保资金精准投入、发挥最大效益。以重大扶贫工程为重点，以补短板为突破口，加大财政支持力度，集中力量攻坚，万众一心克难，确保深度贫困地区和贫困群众同全国人民一道进入全面小康社会。一是梳理自查。围绕财政扶贫资金管理使用情况及扶贫资金问题整改落实情况，对扶贫资金进行认真梳理自查。二是重点突出。着重检查是否全面落实脱贫攻坚投入保障和财税政策支持责任，是否及时拨付资金，是否切实履行部门监管职责，并对存在的问题，提出解决方案，及时整改到位。三是加强监管。切实履行好财政部门在打赢脱贫攻坚中肩负投入保障和财税政策支持以及扶贫资金监管的重要职责，强化财政扶贫资金监管，保障全县财政扶贫资金安全，进一步强化全县财政扶贫资金使用效果。

6.2.2 广西壮族自治区脱贫攻坚财税政策

（1）财政扶贫资金主要用于贫困地区基础设施建设。广西壮族自治区49个贫困县主要分布在大石山区，这些地区交通等生产生活条件极为恶劣；非大石山区贫困人口也主要是分布在一些位置偏远的山区。因此，广西把扶贫资金主要用于贫困地区的基础设施建设方面。以2006~2010年为例，广西各级扶贫部门财政支出共75.78亿元，其中，用于基础设施建设的支出为59.62亿元，占财政扶贫支出的78.68%。2001~2010年，全区新建、改扩建通贫困村四级公路和通自然村（屯）道路8.28万千米，贫困村通公路率由14%提高到96%；在全区4060个贫困村建设沼气池92万座，沼气池入户率达到49%；修建人畜饮水工程3.8余万处，1064万农村人口解决了饮水安全问题；改造贫困农户茅草房或危房10余万户；贫困村通电率达到99.5%，通电话率达到99.8%。

（2）扶贫模式以易地搬迁和整村推进为主。整村推进扶贫有利于统筹、整合各项扶贫资金，集中投入到广西最贫困、最需要的地方，发挥扶贫资金最大的效用。同时，广西部分市县在易地搬迁方面进行了有益的探索。一是易地搬迁+企业入区模式，都安瑶族自治县在移民搬迁规划之初就布局了劳动密集型产业进驻安置区，县内的康音电子、玩具厂等企业计划在安置区建设分厂，把贫困户搬迁到产业链上，仅康音电子就可在安置区安排就业800~1000人。二是易地搬迁+创业园模式，大化瑶族自治县易地扶贫搬迁项目“生态民族新城”，让贫困户“出山进城”，规划安置1.5万户6万人，已交付1128户搬迁安置房。项目安置公寓楼40栋，以及水、电、路、建材市场、广场等基础设施，配套的中学、小学、幼儿园已全面动工。项目区内设置集中商业区，突出特色手工业，办起了创业园、物流园、民族工艺品交易市场，为搬迁贫困户提供就业环境和岗位。三是易地搬迁+培训园模式，大化瑶族自治县在生态民族新城创办培训园，与浙江龙头企业开展合作，由龙头企业负责对搬迁贫困人口进行定向培训，搬迁贫困人口培训合格后进入龙头企业就业。

（3）积极整合各方面的资金投入。财政扶贫投入持续增加，逐步建立了财政扶贫资金稳定增长的投入机制。包括中央补助资金在内的全区各级财政扶贫投入，2005 年为 5.44 亿元，2010 年为 18.22 亿元，年均增长 27.35%，比同期全区一般预算支出增速 26.84%，高 0.51 个百分点。以东巴凤三县、大石山区五县、桂西五县、边境 0～20 公里等基础设施建设大会战为例，计划总投资为 67.72 亿元，其中，自治区直属各有关部门资金 27.18 亿元，自治区财政资金 12.98 亿元（仅占计划总投资的 19.17%），中央补助资金 18.31 亿元，其他资金（包括银行贷款、市县配套、业主自筹等）9.26 亿元。通过整合资金，有利于广西壮族自治区有关部门尽力压缩不必要的开支投入到扶贫中，有力地促进了广西扶贫事业发展。

（4）完善脱贫攻坚税收政策。广西壮族自治区在脱贫攻坚工作中加快完善相关税收扶贫政策，出台各项税收优惠政策：一是完善健全用于扶贫事业捐赠的税前扣除制度，对于扶贫捐赠救济项目扩宽其税收优惠政策的使用范围；二是制定实施与精准扶贫相配套的税收政策；三是加大对小额农户贷款时的税收政策的支持力度；四是合理降低税负，吸引和鼓励相关产业在贫困地区的投资项目；五是加快完善税收体制改革，完善地方税体系，尽可能把一些管理权限全部交由地方政府所拥有，保障地方的收入持续增长，为贫困地区筹集扶贫资金。

6.2.3　贵州省脱贫攻坚财税政策

（1）加大对扶贫资金的投入。贵州省地方政府在精准扶贫工作中一方面是加强财政资金在扶贫工作中的参与力度，使下放的财政扶贫资金能保证与贵州省贫困地区的贫困人口数量达成高度的匹配。另一方面是争取中央财政和对口省份对贵州省财政扶贫资金的支持，对贵州省形成大量的资金投资，同时，积极寻找有关社会组织和金融机构的资金支持，让贵州省能够拥有大量的资金用于精准扶贫的工作中，使其自身与地方各方面的发展形成合力，推动精准扶贫工作不断优化前进。

（2）扶贫资金的精准调整。贵州省重点对财政扶贫资金进行调整，主要分为三个方面：第一方面是加大对人才资源的开发力度，扶贫工作要将重点放在人民身上，以保障提高人民利益为目标，使扶贫的出发点和受益点都是人民，提升贫困人口的受教育程度，使贫困地区的贫困人口可以逐渐脱离贫困状态，实现脱贫目标，这是精准扶贫的重要任务。因此，贵州省重点关注对贫困地区的教育扶贫项目，尤其是针对贫困地区居民的义务教育的投入，将贫困人口那种一味地依赖政府救济而不自己发展壮大的思维转换过来，从自身产生活力，从地区自己的发展中创造动力，实现自我脱贫。第二方面是着重在贫困地区投资建设农业产业，通过有关的财政优惠政策，吸引资金使其投入到农业产业的发展中去，刺激产业活力带动区域发展。第三方面是开展适度的移民搬迁工程，将贫困人口搬迁到适合居住、生产和生活的地方，从根本上解决贫困问题。

（3）加强对扶贫资金的管理。贵州省在扶贫资金的管理方面，专门建立了具有独立性的财政扶贫资金的管理部门，减少中间的流通环节，加强对扶贫资金的严格管理，使财政扶贫资金的使用精确到位。同时，贵州省对财政扶贫资金实施实时跟踪管理，随时随地进行检查，避免私自移用、浪费扶贫资金的情况发生。

（4）运用大数据技术助力脱贫攻坚。贵州省在如今的大数据技术蓬勃发展的大环境下，利用自身国家大数据中心的独特优势，巧妙地将大数据技术与脱贫攻坚工作有效地结合在一起，使贵州省的脱贫攻坚工作取得了良好的成绩。贵州省在脱贫攻坚工作中利用大数据技术，对脱贫攻坚工作实施动态的监督和管理，由于贫困人口是不断变化的，利用大数据技术，可以保证贫困人口的有关信息的准确性，同时，对扶贫资金的变化情况进行监督管理，便于促进财政扶贫资金的充分应用。

（5）建立健全税收制度和体系。贵州省相关部门根据贵州省的实际发展情况进行必要的调整，逐步健全有关税收制度和税收体系，合理调整收入分配的情况，加大税收优惠力度，降低贫困人口享受优惠的门槛，鼓励社会各方投资贫困地区。

（6）深化完善相关税收政策。贵州省对企业所得税实行属地化的改革，实行属地化管理；继续深化资源税改革，实施资源税开发地的纳税制度；推进相关税收政策，促进农业经济和贫困地区农业产业的蓬勃发展；给予企业相应的税收优惠，提高贫困人口就业率。

6.2.4　福建省脱贫攻坚财税政策

（1）完善税收管理和税收优惠政策。福建省在推动脱贫攻坚工作中明确指出，要完善相关税收管理和税收优惠政策，为精准扶贫提供支撑。一方面是完善地方税收体系，尽可能把一些管理权限交给地方，以往贫困地区将大部分税收上缴中央，而现在为了贫困地区能够拥有更多的收入来支持贫困工作，就要减少贫困地区向中央财政上缴的税收，以刺激经济发展。另一方面是不断调整有关的税收优惠政策，吸引更多企业到当地进行投资建设，推动经济发展，进而推动福建省脱贫攻坚工作的进程，比如对于新办企业减少征收企业所得税，完善健全用于扶贫事业捐赠的税前扣除制度，鼓励带动贫困地区经济发展。

（2）加强对扶贫资金的管理。福建省在脱贫攻坚工作中着重强调对财政扶贫资金的管理，首先要真实了解贫困人口的实际情况，精准识别，建档立卡，确保财政扶贫资金真正地作用于贫困人口。其次是对财政扶贫资金进行实时监督，确保财政扶贫资金都用在该用的地方，尽最大的努力，花最少的钱，取得最大的成果。最后是内外相关部门联合起来，建立共同监督管理制度，明确各部门的职责，相互配合，共同监督。

（3）引导社会力量参与扶贫。福建省在脱贫攻坚工作中大力引进社会力量参与扶贫，扶贫不是轻而易举就能完成的工作，要结合政府、社会、企业、个人等所有的力量，共同完成这项伟大的事业。福建省通过实施一系列税收优惠政策，鼓励社会资金积极投入到贫困地区，为扶贫工作提供充足的资金支持。同时，要应用税收优惠政策吸引大量的高端技术人才、新型人才到贫困地区，为贫困地区的发展带来技术支持，比如通过引入个人所得税的优惠政策，吸引社会高素质人才到贫困地区就业，对农民专业合作组织实施税收优惠政策，鼓励促进当地经济发展，解决贫困人口就业问题。

6.3 经验借鉴

6.3.1 完善财税扶贫开发相关法律法规

扶贫相关法律法规的制定和完善以及严格的贯彻执行是国外扶贫经验带给我们的重要启示。通常情况下，国外都是从两个方面进行反贫困的法律和制度建设：一是社会福利制度的建立，这主要是对于特定的贫困人口，通过特定扶贫相关法律的颁布和实施来实现；二是贫困人口相对集中的贫困地区整体的发展，这主要是对于贫困地区和落后地区，通过区域性扶贫法律的颁布和实施来实现。

纵观江西省开展脱贫攻坚工作中形成的以"政策扶贫"为主导带来的问题，以及对多年扶贫实践的经验，制定法律制度是克服这些问题的最佳选择。并且从法理上来说，贫困人口获得物质帮助的权利是我国宪法规定的公民的基本权利之一。脱贫攻坚工作取得成功的关键是贫困人口的权利配置、保障和救济等问题。因此，将脱贫攻坚纳入法律体系的范围既符合我国宪法的要求，也是适应新形势下扶贫治理长期性和艰辛性的需要，还是江西省脱贫攻坚工作由政策性扶贫转向制度性扶贫的最佳切入点。通过扶贫相关法律法规，明确在开展脱贫攻坚工作的过程中，应当鼓励哪些行为，禁止哪些行为，通过立法，使违反规定的当事人承担相应的法律后果，鼓励各行各业以规范的形式参与扶贫工作。江西省也可根据中央制定的法律法规来制定适合本省的脱贫攻坚实施细则，充分利用脱贫攻坚的各种支持政策，为本地区脱贫攻坚工作的顺利推进创造条件。

6.3.2 加大对贫困人口的教育培训投入

政府牵头，财政支持，对贫困地区劳动力进行技能培训是各国以及国内各省份反贫困的普遍做法。从国内外扶贫措施来看，对贫困地区劳动力技能培训的支持力度都很大，通过对贫困居民进行职业技能培训，提高劳动技能，从而增加贫困居民收入。人力资本不足、人口素质低下是导致农村贫困产生的重要原因。让贫困人口获得摆脱贫困的能力，要比直接帮助其暂时脱贫更为重要。

贫困地区和非贫困地区的差别有很多，而劳动技能的低下是其中十分突出的表现之一。贫困人口的劳动技能低下既是造成贫困的一个因素，同时也是贫困的结果。从国外贫困劳动力技能培训来看，农村劳动力培训，以职业培训为基础，以技能鉴定为支撑，以劳务输转为目的，优化培训结构，提升服务水平，加快劳务输转，推动贫困地区技能培训工作全覆盖，提升贫困地区劳动力的技能水平和就业创业能力，促进贫困农民增收，实现稳定就业、稳定增收、稳定脱贫的目标。因此，在脱贫攻坚过程中，江西省应该更加重视人力资本在减贫中的作用，对贫苦家庭子女给予教育补贴，同时，对有潜力的农村贫困人口进行职业和技能培训，培养他们自力更生的能力，促使他们依靠自身能力来实现脱贫。

6.3.3　提高农村贫困人口社会保障水平

从各国的扶贫经验来看，社会保障制度的建立是解决贫困问题的重要手段，不论是发展中国家还是发达国家，都十分重视社会保障在减贫中的作用。在发达国家，为了保障贫困人口的基本生存需要，都建立了比较完善、运作规范的社会保障和社会福利制度。其中，社会救济制度保障了贫困群体的基本生活需要，为贫困群体提供了最低层次的社会安全网。社会福利制度，特别是教育和医疗福利，解决了贫困人口基本的教育、医疗需求，改善了贫困人口的健康状况，提升了其发展能力，使贫困群体脱贫能力大大提高。当前，江西省虽然建立并完善了农村五保供养制度、农村养老保险制度、农村新型合作医疗制度、最低生活保障制度，但是这些制度还没有形成规范化、系统化的体系，保障水平与城市社会保障相比相差甚远。因此，我们应该提高农村社会保障水平，实现公共服务均等化。

6.3.4　大力支持贫困地区基础设施建设

贫困地区基础设施建设是一种投资大、周期长、外部性强且短期经济效益低的公共产品或混合公共产品，完全由市场提供会导致供给不足。为此，广西壮族自治区财政扶贫资金聚焦贫困地区基础设施建设，2006～2010 年，用于贫困地区基础设施建设占财政扶贫支出的 78.68%。德国采取财政投资兴建或发放财政补贴方式进行农村基础设施建设，财政支持比例大多在25%～50%之间。目前，尽管江西省农村地区的基础设施相对于以前有了很大的改观，但是贫困地区的基础设施建设仍然较为滞后。贫困地区基础设施建设不能关注“面子”，更要注重“里子”，要真正让贫困群众从农村基础设施建设中获益。

6.3.5 实施贫困地区专项税收优惠政策

针对贫困地区实施专项税收优惠政策是世界各国采取的普遍做法，税收优惠政策不仅可以对企业的投资经济行为进行有效的调控，更可以吸引其他地区的企业进入贫困地区进行投资。比如：美国政府对西部贫困地区实行相对独立的税收优惠政策，吸引企业家来该地投资。巴西政府为了促进亚马孙河流域贫困地区的发展，规定私企到亚马孙河流域投资建工厂，可以在前10年享受免缴所得税的优惠政策。目前，江西省缺乏系统性的针对贫困地区的税收优惠政策，尚未做到“对症下药”。针对贫困地区产业发展特点的税收优惠政策往往处于乏力状态，没有起到振兴贫困地区经济的作用。加之企业所得税的减免主要是涉及民间资本不愿涉足的高投入、周期长的产业，除非予以强有力、见效快的税收优惠政策来引导，否则单凭见效缓慢的企业所得税减免难以吸引民间资本投资到贫困地区，因此，需进一步建立完善贫困地区的专项税收优惠政策。

6.3.6 施行公益性捐赠税收激励制度

实施公益性捐赠税收激励制度是世界各国的普遍做法，扶贫不仅仅需要政府投入，更需要社会各界的广泛参与。鼓励企业和个人进行公益性捐赠，参与到扶贫工作中来也是政府的责任。因此，许多发达国家的税收法规大力鼓励企业和个人向公益慈善组织捐赠。这些法律、法规以减免税收的形式保证了捐助者的经济利益，同时，对非营利部门的活动起到规范作用，保证其将各种资产用于公益事业。此外，税法还促使国外的富豪们创立基金会，因为高额的遗产税使富人们大都放弃了把财产留给后代的做法，而代之以将财富投入基金会。与此同时，国外对基金会的运作还有大量的免税减税优惠，使得慈善基金会可

以获得其他企业无法企及的高回报。慈善捐赠主要包括公益、救济性捐赠和非公益、救济性捐赠两大类。在我国，纳税人只有通过公益性社会团体或者县级以上人民政府及其部门这类渠道进行的捐赠，才属公益、救济性捐赠。纳税人通过公益性事业单位及其他渠道捐赠，或者直接向受助群体捐赠的行为，都不属于公益、救济性捐赠。因此，江西省有必要考虑扩大有资格接受公益性捐赠的非营利公益性社会团体和基金会的范围，拓宽捐赠渠道，增加接受税前扣除捐赠的公益组织数量，提高企业、个人进行慈善捐赠的热情。同时，为降低扶贫企业税收负担，可将扶贫企业捐款纳入税前扣除范围，提高企业参与扶贫积极性，积极引导社会资金投入新一轮脱贫攻坚开发战。

第 7 章

支持江西省脱贫攻坚的财税政策建议

7.1 支持脱贫攻坚的财政政策建议

7.1.1 加大对贫困地区财政扶贫资金投入

财政扶贫对贫困地区的倾斜补偿，涉及对贫困地区政府财政缺口的弥补，以及对贫困地区贫困人口的生活救济；同时，还涉及对贫困地区的生产帮扶、生产生活环境的改善，以及贫困人口脱贫能力的提升等很多方面。加大对贫困地区财政扶贫资金投入，可以考虑从以下三个方面采取措施。

一是增加中央财政扶贫投入。根据当前的脱贫攻坚的形势，中央财政要不断提高扶贫资金在财政支出中所占的比重，加大对农村贫困地区的支持力度，促进农村贫困地区的社会经济发展，改变农村落后面貌，缩小地区间的贫富差距。包括不断增加财政专项扶贫资金的投入，加强对农村贫困地区的倾斜扶持，完善对农村贫困地区的一般转移支付制度和农业补助政策。

二是各级地方政府要把扶贫专项资金列入年度预算，提高财政扶贫资金使用效率。地方政府尤其是县、乡政府是财政扶贫资金投入方向的掌控者，要根据当地贫困的成因、特点，确定重点扶贫项目，统筹管理，合理使用扶贫资金，实现财政扶贫资金使用效率的最大化。

三是要建立完善专项扶贫资金倍增机制。加大对贫困地区转移支付力度，提高扶贫项目补助标准，为贫困地区的减贫脱贫工作提供稳定充足的资金来源和保障。贫困地区的基础设施建设与医疗、卫生、教育、就业等公共服务的供给离不开财政的支持。要继续加大中央与省级财政的投入，提高移民搬迁、新村建设、通村公路、沼气、水利等项目的补助标准，并使扶贫项目的补助标准与物价水平相挂钩，为贫困地区的基础设施建设提供充足的资金支持。

7.1.2　优化财政扶贫支出结构

在增加财政扶贫资金投入的同时，优化财政扶贫支出结构，有助于提高扶贫资金的使用效率，使有限的扶贫资金投入最需要的地方，实现“好钢用在刀刃上”。由于地方政府出于政绩的考虑，对基础设施这类经济发展型公共品的支出规模不断扩大，而对教育、医疗卫生等公益性公共品的支出较少。优化财政扶贫支出结构应从以下几个方面采取措施。

一是要在保持对农业以及农村基础设施方面的投入力度的同时，大幅度增加教育、医疗等社会服务领域的扶贫投资，改变以往对基础设施和社会服务的硬件投资为主的投资倾向，将重点转移到如何降低贫困农户获得公共服务的成本上，减轻贫困农户的沉重负担，特别是医疗方面的负担，使贫困农户享受到平等的公共服务。

二是改变过去重城镇轻农村、重工业轻农业的支出模式，形成财政支农支出稳定长效增长机制，规范资金管理。在不断加大财政对农村基础设施建设的投入力度同时，加大农村社会保障与就业支出力度，提高保障水平，扩大保障覆盖面，真正发挥好保障的兜底扶贫功能；加大科教文卫投入力度，实现基本公共服务的均等化，减少地区间政策的不公平导致的贫富差距拉大现象。

三是突出扶贫资金使用重点。集中扶贫资金用于集中连片特困片区、重点贫困县和乡镇作为脱贫攻坚主战场，确保扶贫资源主要瞄准最贫困地区和贫困人口配置，而不是“撒胡椒面”式的扶贫资金支出，确保最贫困地区的深度贫困群众也能够实现脱贫。

7.1.3 加大贫困地区基础设施建设投入

为了改善农村和贫困地区基础设施建设，可通过制定相应的财政政策加大支持力度，先后安排农田水利设施建设和水土保持补助资金、现代农业生产发展资金、林业补助资金、农业综合开发补助资金、新增建设用地土地有偿使用费安排的高标准基本农田建设补助资金、农村环境连片整治示范资金、车辆购置税收入补助地方用于一般公路建设项目资金、农村危房改造补助资金、农业资源及生态保护补助资金、江河湖库水系综合整治资金、山洪灾害防治经费等各类专项资金。

进一步改善农民生产生活条件，发展农村社会事业，加强农业基础设施和农村民生工程建设。加快水利基础设施建设，加快大中型和重点小型病险水库除险加固进度，加强灌区改造和小型农田水利建设，优化水资源配置格局。加快农村土地整理复垦，大规模开展土地整治，实行田、水、路、林综合治理，推进中低产田改造，建设高标准农田，确保耕地红线。加快改善农村生产生活条件，实施农村饮水安全工程，继续改造农村危房，实施农村清洁工程，不断改善农村卫生条件和人居环境。建设和改造通乡通村公路，不断完善城乡公交资源相互衔接，加快发展农村清洁能源，促进农村可持续发展。财政要加大对农村基础设施的扶贫资金投入，设立专门为农村基础设施建设贷款的金融机构，多渠道筹集农村基础设施建设的专项资金，设立专款专户，做到专款专用。通过政策引导、财政扶持等优惠政策，鼓励民营企业投资农村基础设施建设。推广农村环境设施建设，改善农村“脏、乱、差”的卫生环境，推广使用新能源、新技术，加大对农村新建或改造节能民居的补助力度。加强农村道路和通信设施建设，探索建立设施建设和维护的财政投入机制。

7.1.4 提高扶贫资金投向精准度

扶贫资金投向精准度关系到扶贫资金能不能落实到贫困群众身上，真正地帮助他们解决生活困难。准确识别贫困人口，了解贫困群众所需是提高扶贫资

金投向精准度，将脱贫攻坚战略落到实处的重要前提。因此，提高扶贫资金投向精准度可以从以下几个方面入手。

一是要继续实行扶贫资金村级瞄准机制。把瞄准单元由县级转向村一级，可以将更多的贫困人口纳入扶贫范围，减少贫困人口的漏出。同时，可以通过整村推进的扶贫方式对贫困村进行整合规划，从而实现整体脱贫。目前，村级瞄准机制能够较好地识别出贫困人口，但是村级瞄准机制的难点问题是如何准确地识别贫困村。针对识别贫困村问题，建议实行通过县一级识别贫困村的方法。因为相对于省级来说，县级可以更好地掌握本地区的贫困状况，保证更高的覆盖率。据研究发现，村级瞄准机制下扶贫资金瞄准率高达 80%，减少了扶贫资金的流失，提高了扶贫资金的使用效率。

二是强化县、乡级政府责任，赋予其更大的管理权限。目前，江西省农村贫困情况呈现大分散、小集中的基本特征，针对这种情况，要建立财政扶贫目标瞄准机制，更好地瞄准贫困群体，提高扶贫开发的针对性，突出扶贫开发重点，聚焦连片特困地区。考虑到江西省贫困人口分布分散，各地情况差异化很大的情况，而低层级政府具有了解、熟悉实际情况的优势，应在理顺各级政府职责的前提下，进一步强化县、乡级政府的责任，并根据绩效管理理念的要求，相应赋予其更大的管理权限。

三是要完善现有的扶贫项目瞄准机制。目前，次贫排挤最贫是扶贫项目实施中的突出问题，这导致最贫困群体无法从扶贫项目中收益。研究表明，农村贫困户从扶贫项目中的受益率仅为 16%，而中等户和富裕户则分别达到 51%、33% 以上。因此，完善扶贫项目的瞄准机制是解决农村贫困问题的必然要求。在项目的选择上，应该选择适合绝对贫困人口的扶贫项目，制定严格的贫困群体准入制度，对贫困群体给予政策倾斜。在项目的实施上，应该让绝对贫困人口真正参与到扶贫项目中，使贫困人口能够真正从项目中收益；在扶贫资金的使用上，要加强政府监督和公众监督，防止资金扶贫目标的偏离，从而提高扶贫资金投向的精准度，保证扶贫项目惠及真贫。

7.1.5 加强财政支持社会保障力度

社会保障作为一项社会公共保险，对于保障贫困群体的基本生活有着十分重要的作用。但是，当前江西省贫困群体的社会保障制度并不是很完善，依然存在贫困群体因重大疾病陷入深度贫困、老弱病残等没有劳动能力的贫困人口享受农村低保标准过低等问题。因此，应从以下两个方面采取措施。

一是继续加大财政对农村养老保障等方面的投入和支持。科学确定农村低保标准，并与经济发展水平同步提高，将发展成果更多地惠及贫困群体。随着社会经济的发展和农村扶贫开发工作的顺利进行，大多数农村有劳动能力的贫困人口已经实现脱贫，老弱病残等没有劳动能力的贫困人口成为未来扶贫的重点。因此，针对这部分群体，当前基本完善的农村社会保障制度体系的建立，已经基本满足了这些群体的最低生活需要。今后，我们要继续提高农村社会保障水平，特别是农村最低生活保障制度以及农村社会养老保险制度，缩小城乡差距，努力实现社会公平。

二是通过加大公共财政对贫困地区教育、医疗卫生等社会民生性服务的扶持力度，形成贫困人口自我发展的内生动力，从根源上消除贫困。切实提高扶贫资金在农村义务教育等方面的支出比重，以奖助学金及生活补助等形式帮助“就学人员”完成学业，加大自身知识积累，助推其依托劳动力市场机制实现自救、自立，最终实现有效就业。对贫困户中的“适龄从业人口”给予补偿性的职业教育和职业技能培训，直接提升其就业竞争力。加大各级财政对贫困地区医疗卫生、社会保障等保障型公共产品的补贴力度，逐步去除贫困地区人口自身生理、生存层面的弱质性，防止贫困家庭因病致贫、因病返贫，并逐步消除制约贫困人口自我发展的各种不利因素。当前，贫困地区社会保障并不是很完善，虽然新型合作医疗起到了一定的作用，但是并没有解决贫困农民的看病难的问题，有必要进一步加强农村基本公共服务，改善农村居民的卫生、医疗条件，有病及时就诊。加强医疗救助与基本医疗保险、大病保险、慈善救助的有效衔接，落实面向贫困人口的医疗救助制度，实现符合救助条件的贫困家庭重大疾病患者医疗救助全覆盖。继续加大对农村养老保障等方面的投入和支

持，科学确定农村低保标准，并与经济发展水平同步提高，将发展成果更多地惠及农民。

7.1.6　加大职业教育培训的投入力度

贫困的实质是人的贫困，人的贫困主要体现在人的物质、文化、精神和知识技能方面的贫困，例如，贫困人口代际传递现象，就是因为经济上的贫困，导致对教育的投入不足，而受教育程度的低下，又导致人口素质的低下，形成代代相传的恶性循环。为了避免这种贫困的代际传递，防止贫困群众脱贫后返贫，加大对于贫困群众的职业教育培训，使其能掌握一项谋生技能显得尤为重要。首先，要加大就业专项资金向贫困地区的转移支付力度，增加贫困地区的各类培训资源供给，建设基层就业服务平台，帮助贫困人口实现就业。脱贫攻坚的职业教育培训是从贫困地区和贫困人口的实际出发，在贫困地区，大力发展职业教育培训，加强对贫困人口的职业教育，为贫困人口提供满足他们实际需要的教学内容，提高他们的就业技能。劳动技能的培训方式有多种途径，主要包括：一是对农业生产方面的技能培训，提高农业种植水平，如农业生产、蔬菜大棚、绿色农产品等方面的技术培训；二是农村创业和技能带头人示范培训，实现“培训一人、致富一村、带动一片”的综合效益；三是加大劳务输出的技能培训，如电工、电焊、挖掘机、装载机、计算机、家政服务、商品营销等热门技能专业培训。职业教育培训应紧密结合市场的多样化岗位需求，充分利用各类农民教育培训资源，加强有针对性的职业技能培训，把农业产业化扶贫有关的农民产业素质、产业技能和法律诚信意识等事项的培训全面系统地纳入政府扶持范围，使大多数贫困农户及其未升学的子女掌握一两门实用技术，提高贫困地区贫困群众的自我发展能力、就业创业的能力。各级财政部门要大力支持开展新一轮职业教育攻坚工程，有效实施职业教育扶贫富民工程，健全和完善以“奖、贷、助、补、减”为主体的多元资助体系，根据财力可能，逐步实现所有农村贫困家庭子女上普通高中和中等职业学校学杂费全免。最后，各级政府要建立就业平台，帮助他们找到合适的工作，从而增加收入实现彻底脱贫。

7.2 支持脱贫攻坚的税收政策建议

7.2.1 加大扶贫项目的税收优惠力度

对于在贫困地区从事技术培训的教育机构，可以考虑免征增值税，企业所得税实行“两免三减半”等税收优惠政策；对于产业扶贫项目，可以在一定期限内给予所得税即征即退或财政返还优惠，即征即退或财政返还的税收用于补充产业扶贫专项资金，或归还项目建设贷款；对于利用扶贫资金建设的扶贫项目的相关税收，予以免征或即征即退给项目实施单位；对于新办企业安置贫困人员达到一定比例规定的，自取得第一笔收入年度起，可以考虑实行“两免三减半”征收企业所得税；对连片特困地区投建的企业和创业的个人，考虑财产税如房产税、车船税以及城镇土地使用税等给予减免；针对旅游扶贫的项目，政府应制定相应的税收优惠政策，从而有效地降低扶贫项目的成本费用，促进扶贫项目做大做强。

7.2.2 制定贫困地区专项税收优惠政策

针对贫困地区，应制定系统的、独立的贫困地区的差别流转税、企业所得税税收优惠政策。如给予贫困地区“企业特区”内新创办的企业相应的减税、免税政策，其中，可对生产、销售节能环保产品的企业，给予一定增值税、消费税方面的税收优惠；对创造就业机会，雇用失业、无技术、无学历、无专长的工人达到相当数量的企业，将部分或全部退还流转税或企业所得税，以扶持贫困人口参与度较高的特色产业的建设；对贫困地区的金融机构实施优惠的增值税政策，鼓励更多的金融机构在贫困地区设立分支机构，以解决贫困地区中小企业创业初期的融资问题；为解决贫困地区经济发展的瓶颈问题，税收优惠的对象应定位在交通运输业、邮电通讯业等领域，如实施“五免五减半”的所得税优惠政策；同时，进一步放宽贫困地区小微企业税收标准，降低贫困地区涉农、民生类小微企业优惠享受门槛，延长税收优惠期限；大力鼓励贫困地区企业创新，对种子期、初创期科技型中小企业予以税收减免，以此推动产业基地、数据库以及公共技术平台等产业综合支撑体系的建设；对于在贫困地区

投建的符合国家产业政策同时能够吸纳贫困地区劳动力就业的产业项目，对企业吸纳贫困地区劳动力所支付的工资费用可按 100% 进行税前加计扣除。同时，应调整区域性优惠政策，最主要的是统筹西部大开发、新疆有关地区优惠等一系列政策，在保持原有优惠政策实施区域不变的情况下，将西部之外的贫困地区（集中连片困难地区和国家重点扶贫县）纳入优惠政策范围，更有效地支持贫困地区发展。与此同时，政策设计应防范轻资产行业过度转移经济利润、扰乱正常的经济秩序，为此，应考虑将轻资产行业调整出优惠产业目录，达到优惠政策鼓励实体经济发展、防范恶意避税的目的。

7.2.3　完善公益性捐赠税收激励制度

应进一步放宽扶贫救济捐赠税收政策的适用范围，对企业和个人向贫困地区的直接捐赠，只要是取得真实合法的凭据，应准予在税前扣除；放宽扶贫救济捐赠扣除标准，对企业发生的公益性捐赠性支出，可以考虑在年度利润总额 30% 以内的部分都准予其在计算应纳税所得额时扣除；个人的公益性捐赠支出未超过纳税义务人申报的应纳税所得额 40% 的部分，可以从其应纳税所得额中扣除。对企业当年向贫困地区的扶贫救济捐赠超过扣除标准的部分，允许结转以后年度在税前扣除；拓宽公益捐赠渠道，可建立专门的公益捐赠财政账户，只要是企业和个人扶贫济困等公益捐赠款入专门账户，就可享受相应的税收优惠，并做到捐款用途充分尊重捐赠单位和个人意愿；对实物性捐助对应的流转税不再视同销售处理，免征增值税；非公有性质企业贫困治理资金募捐不再受任何限制，均可在企业所得税前扣除，从而真正降低扶贫企业税负，提高社会扶贫积极性。

7.2.4　改革资源税健全生态补偿机制

资源税具有受益税和级差收入税的特点，适宜成为地方尤其是贫困地区不可忽视的税收来源。可以以资源税改革为契机，将赣南等原中央苏区作为试点区域，进一步明细税目，扩大资源税增收的范围和税额幅度，扩大税额，将新增收的资源税税收收入全部纳入预算专户管理，作为原中央苏区生态保护的专项资金，支持优化原中央苏区生态环境。同时，进一步“清费正税”，对资源企业所涉及的各项行政事业性收费和政府性基金应逐一清理、切实规范。赣南等原中央苏区要尽快完善矿产资源生态环境修复保证金制度，增加保证金额度。根据支持适度开采、减少环境污染的原则，矿产资源生态环境修复保证金必须占矿产开发价值的20%以上，才能给予开矿企业一定的保护环境的动力。当然，为了降低开矿企业开矿前的压力，可以采取累积缴纳方式，前期按照10%~15%缴纳，后期产生销售后再按照25%逐年补足。保证金实行省级财政统一管理，如企业能够保证开矿环境良好，修复生态，保证金如数退还，反之，则由政府将生态修复资金用于环境治理。矿产资源总是会枯竭的，当这些产业枯竭后势必会产生类似于资源枯竭型城市的问题，为此，要在矿产资源开采期间，做好生态修复评估。建议国家设立中央苏区矿产资源枯竭生态修复专项资金，在矿产资源开采期间，边开采、边补助、边修复，做到开采和修复两不误。

7.2.5 提高贫困地区的税收留存和返还比例

贫困地区财力匮乏，但支出责任重，脱贫攻坚压力大。为此，应进一步调整政府间税收利益分配，提高贫困地区的税收留存和返还比例。江西省可以从增加贫困地区可用财力的角度出发，微调省和地方共享税部分的地方留存比例，加大对贫困地区的税收返还比例，有效提高贫困地区的综合财力。当前，由于中央与地方支出责任与事权不匹配，地方主体税种缺失，导致各级地方政府财力紧张。这一现象在集中连片特困区域尤为严重，贫困地区政府税源少，但是支出责任大，在这种情形下，更需要加大转移支付，包括中央财政对省级财政、省级财政对市县财政两个方面。税收收入持续稳定增长为财政收入增长提供保障，而财政收入增长是财政扶贫资金增长的基础。贫困地区在积极争取上级扶贫资金的同时，尤其要重视培植税源，依法足额组织税收收入。税收职能部门在组织收入工作中，应注重科学研判，掌握税收收入态势；加强分析调度，深入挖掘潜力；沉着应对，精准施策，坚持应收尽收，通过加强日常管理、清理追缴欠税、严格减税核查、深化纳税评估、推进专项检查等，最大限度地堵塞税收漏洞，完成好税收收入任务，保持税收收入持续稳定增长，为脱贫攻坚筹集更多财力。因此，下一步要厘清中央政府和地方政府的财政关系，

明确各级政府的事权和支出责任，提高贫困地区的税收留存和返还比例，改革财税体制，为脱贫攻坚增添动力。

7.2.6　增强税收政策扶贫激励内容的针对性

通常而言，评估一项税收政策激励措施是否精准，需要考察该措施是否与被激励对象的特征吻合。脱贫攻坚税收激励政策是否精准，则需考察其是否契合精准扶贫的特征。精准扶贫的核心在于精准，特征之一便是建档立卡。建档立卡制度的确立为精准扶贫奠定了基础，税收激励政策的设计也应当紧紧围绕建档立卡开展，尤其是最为核心的建档立卡户。

现行扶贫税收激励措施存在的最大问题就是针对性不足，普惠性措施较多，个性化措施较少。举例而言，企业安置残疾人员就业可以享受对残疾人工资部分加计扣除，达到一定条件时还可对其应缴纳的城镇土地使用税减免等税收优惠待遇，但是残疾人并非都是建档立卡的贫困户，而建档立卡户也不一定就是残疾人，那么对于非残疾的建档立卡户，企业吸收他们就业并不能享受同样的待遇，吸收建档立卡贫困户就业的积极性也难免打折扣。同样的情况也存在于吸收再就业人口就业的税收优惠，建档立卡户并不必然就持有《就业创业证》或《就业失业登记证》。为了助力脱贫攻坚，税收激励措施在瞄向市场主体时，还需瞄准扶贫对象，而且应当以建档立卡贫困户为主。为残疾人提供的系列税收优惠政策应尽可能平移到建档立卡贫困户；对于失业人口的系列优惠政策也应尽可能平移到建档立卡贫困户。与此同时，诸如西部大开发这种区域式的税收激励亦应尽可能减少，将之聚焦于更为精准的点状式区域税收优惠，比如明确规定在贫困县兴办产业，可以享受规定的财税优惠。以吸收贫困户就业与鼓励社会主体拉动贫困县产业发展为目的的税收政策激励才能实现其精准的预期。这种精准式的税收激励措施才能实现社会经济发展与扶贫的精准契合。

7.3　相关配套措施

7.3.1　建立健全贫困人口保险制度

因病致贫、因灾致贫是贫困人口致贫、返贫的重要原因，建立健全贫困人口保险制度，对于破除这样的“贫困循环”、进一步巩固脱贫攻坚成果起着十分重要的作用。我国的小额人身保险开始于2008年6月中国保监会出台《农村小额人身保险试点方案》，经过多年发展，覆盖人数不断扩大。据世界银行制订的新贫困线标准（日均收入1.9美元），结合我国实际购买力情况测算，我国的贫困人口中加入小额保险的人数甚少，这说明我国小额保险市场还有非常大的发展空间，但目前我国市场上小额保险经营主体单一，政府支持不足，经营小额保险的公司缺乏供给动力。因此，政府应积极组织推动保险公司市场化运作，鼓励实行私人运作。通过有效引导群众自愿参保，使保险观念和保障进村入户，实现小额保险基本覆盖农村贫困人口，保障他们的基本生活，提高贫困人口抗风险能力。建立健全贫困人口保险制度可以从以下两个方面入手。

一是要加大新型农村合作医疗和大病保险制度向贫困人口的倾斜。加大对贫困人口的医疗救助力度，降低贫困人口的医疗负担。同时，在政府积极推动新型农村合作医疗和大病保险制度做到“广覆盖、保基本”的同时，地方政府应积极组织推动保险公司市场化运作，鼓励社会力量参与脱贫攻坚工作中。

二是积极发展农村扶贫小额保险。农村扶贫小额保险是解决农村贫困人口基本保障问题的有效方式，具有多险种、低价格、面向低收入群体等特点，有助于低收入农民获得保险保障，避免因疾病、自然灾害和意外伤害致贫。政府应对小额保险经营者采取免税政策，对农民保险给予直接补贴。采取以团体方式为主、直销为辅的承销方式，简化程序，降低损失。把健全完善政府救助制度与商业保险制度有效的衔接起来，构筑城乡困难群众医疗保障的“双保险”。只有将政府救助制度与完善商业保险制度有效的衔接起来，才能大幅度减少贫困家庭因病致贫、返贫的出现。

7.3.2 创新贫困地区金融扶贫机制

资本短缺是贫困地区发展的重要制约因素之一，贫困地区有限金融资源的外流无异于“釜底抽薪”，产生的负面影响十分明显，拉大了地区发展差距和居民收入差距，使得贫困地区的发展陷入资本不足的恶性循环。但是，现实中

贫困地区有限的金融资源却在不断外流，从农村流向城镇，从落后地区流向发达地区。为扭转贫困地区资本短缺并不断外流的现象，应大力创新贫困地区金融扶贫机制，主要可以考虑从以下几个方面着手。

一是要构建满足贫困地区不同层次需要的基层金融服务机构；引导大中型国有银行在贫困地区设立小微企业金融服务专营机构；鼓励城商行、农商行、股份制银行在贫困地区设立分支机构，跨区域经营和管理小微型金融业务；鼓励农村信用社坚持小微金融的服务方向；引导和支持村镇银行、资金互助社、小额贷款公司等新型基层金融机构在贫困地区加快发展，开展小微型金融业务。

二是政府可以通过财税政策激励，建立面向基层、紧贴地皮、服务草根的金融体系。在覆盖成本和保证资金安全前提下，稳定发展业务，不追求扩张，成为“不长高”但是非常实用的小微型金融机构。

三是政府可以鼓励私募股权基金、风险投资基金等民间金融资本与贫困地区的产业资本相互融合，形成利益共同体，这样既可以降低产业发展的成本，也为民间金融资本拓宽了投资渠道，实现金融资本和产业资本的共赢。

四是信贷扶贫方面对贫困农民提供低息有偿资金，完善国家扶贫贴息贷款政策，鼓励开展小额信用贷款以满足扶贫对象发展生产的资金需求，推动贫困地区金融产品及服务方式创新，引导民间借贷规范发展，拓宽融资渠道，加强贫困地区信用体系建设。

7.3.3　拓宽扶贫资金来源渠道

江西省财政投融资体制改革较为滞后，尽管政府极力倡导并增加对贫困地区的投资，但由于预算内投资、国债投资、国债转贷等项目仍较小，其撬动社会资金的效果不甚理想，制约了脱贫攻坚的有效落实。此外，由于贫困地区的金融体系较薄弱，政策性、商业性金融机构都不愿承担信贷违约的风险，即便像贷款、扶贫贴息这样的扶贫资金，也通常青睐经济基础好、发展能力强的贫困对象。扶贫资金的筹集面临极大困境，因此，对财政投融资有效改革的紧迫性和必要性大大加强，以便利用好社会扶贫的发展空间。目前，江西省扶贫资金主要来源还是政府财政投入，这种政府主导型的投入机制，投入渠道单一，社会力量参与有限。政府作为扶贫资源的主要供给者，并且地方政府财政投入不足，过度依赖省级政府的财政投入。脱贫攻坚仅仅依靠政府财政资金是远不够的，需广泛吸纳社会力量的支持，使社会资源转化为扶贫资源。

目前，江西省扶贫资金投入不足问题已经严重影响了农村脱贫攻坚的进程。因此，可以考虑从以下几个方面拓宽扶贫资金来源渠道。

一是要建立以财政为主导、社会各界广泛参与的扶贫资金筹措机制，在增加财政扶贫资金的同时，要多渠道筹集资金，建立全社会参与的资金筹措机制。以财政资金为杠杆，撬动社会资本、金融资本更多地进入扶贫领域。积极引导社会组织（个人）慈善扶贫，汇聚个人捐赠的资金、企业捐赠的资金、福利彩票的扶贫资金以及机关、企事业单位捐赠的对口帮扶资金等，进一步拓宽扶贫资金的来源渠道。

二是不断加大上级财政转移支付的规模和比重，尤其应加大对特困区域的专项扶持，进而夯实贫困地区基层政府的财力基础，提高其可支配财力水平，可以考虑建立横向转移支付机制，使富裕地区向贫困地区提供更多财政援助。

三是贫困地区要以优惠政策吸引发达地区资金、外资，积极争取世界银行、外国政府优惠贷款，鼓励非政府组织、民营企业、个人以及国际机构参与扶贫，提高他们在农村扶贫过程中的地位和作用，整合各种资源，加大对农村扶贫的支持力度，弥补财政扶贫资金的不足。

7.3.4 加强对扶贫资金的绩效考核

扶贫资金绩效考核机制是保障脱贫攻坚工作顺利开展，提高脱贫攻坚精准实效的重要制度化措施。加强对扶贫资金的绩效考核应做好以下几个方面。

一是要按照“统一规划、集中使用”的原则对扶贫资金进行综合管理。避免扶贫资金使用的“碎片化”，提升资金使用效益。要明确扶贫资金管理使用的“高压线”，推进扶贫资金运作的公开化、透明化，防止资金的浪费、流失等问题。要尊重和发挥贫困群众的知情权、参与权、选择权和管理监督

 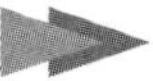

权，使各项惠民政策、项目和工程，最大限度地向贫困地区倾斜，使扶贫资源真正落实到贫困人口，真正用于解决贫困人口和贫困地区发展的迫切需求。

二是要制定科学的扶贫资金绩效评价体系。科学完备、内容全面、操作性强的绩效评价体系是财政扶贫资金绩效管理体系的重要组成部分，设立相关机构负责制定并监督执行情况，制定扶贫资金绩效评估制度及方法标准。做好扶贫资金绩效考核的基础工作，形成考核分析报告，提出扶贫资金使用改进的建议和意见。

三是要积极发挥非官方专业评估部门在扶贫资金绩效考核中的促进作用，从而在更广泛的群众基础之上，增进扶贫资金绩效考核结果的认可度与支持度，从而有利于避免单纯由政府主导的扶贫考核中，因工作利益以及特殊目的而带来的考核误差与问题。由此可以看出，民间非官方考核评估机构或人员的介入更能够有针对性有指导性地指出考核工作的真正要求所在。不仅如此，借助于民间非官方考核力量的作用，还可以有效地促使各级政府节省资源精力，很大程度上促进了扶贫资金使用效果的提升。

7.3.5　完善扶贫对象瞄准和退出机制

脱贫攻坚工作的重点是做好扶贫对象的瞄准和退出工作，对扶贫对象进行精准管理是实现脱贫攻坚制度化常态化的保证，完善扶贫对象的瞄准和退出机制，应做好以下三个方面工作。

一是利用信息技术为依托做好登记记录。对于扶贫对象的基本资料、帮扶情况、帮扶责任人、脱贫时限等信息全部做好登记，做到户有卡、村有册、乡有网，以便为今后开展工作提供依据。

二是贫困人口的动态化管理。对于贫困人口进行实时监测，对于贫困对象的经济发展情况的变化要予以登记，一旦贫困对象的生活水平超过了扶贫的标准，要停止享受扶贫资源，对于返贫户要及时纳入扶贫对象中，及时对贫困户加以调整，确保扶真贫。

三是要实行分类管理。对贫困人口的性质和致贫原因进行分类，针对不同类别的贫困对象确定不同类别的帮扶主体，以便在帮扶的时候采取不同的政策，对症下药，并由村民民主选举村民代表和扶贫工作人员共同来管理扶贫信息网络系统，使扶贫网络信息公开化与透明化。

7.3.6 运用大数据创新脱贫攻坚工作

随着大数据时代的到来，大数据已经应用到社会生活的诸多领域，对于促进经济社会发展具有划时代的变革性意义。脱贫攻坚工作的推进也需要建立其信息化、大数据化的管理平台。运用大数据平台可以有效促进贫困区域找到适合自身发展的具体方式，传输汇总各型各类扶贫信息资料。

一是要建立健全大数据扶贫信息管理系统。上联全国全省扶贫信息网络系统，下接贫困县乡村的扶贫对象，形成一体化、动态化、信息化的管理系统。信息化管理系统是以贫困户、贫困村信息管理为基础的。精准扶贫信息化管理的目标就是要实现信息共享，互联互通。畅通省、市、县、乡、村之间内部信息流通渠道，做到精准掌握，精准判断。同时，精准扶贫信息化管理需要进一步完善网络基础设施等大数据系统必备的软硬件设施，在此基础上，发挥信息化平台的管理效用，精准把握贫困人群发展意向和思想需求，精准了解贫困地区扶贫工作开展所面临的资源地域差异，精准认识可资利用的有力资源条件，找准贫困根源，寻对贫困源头，化解贫困状态。

二是利用大数据工具对贫困对象进行动态化监管。利用采集的数据、信息建立贫困人员管理平台并进行信息化管理，建立标准识别系统对贫困人员是否仍符合贫困标准进行动态化监管，提高系统的精确性、准确性，避免贫困人员认定的滞后性、静态性的问题。在动态化的监管过程中，要做到对贫困人员的基本信息动态变化的全面把握与管理；在平台上建立资金管理系统，全面监督贫困资金的流动情况，确保资金的专项专用，确保每一笔资金能够发放到每一个贫困家庭手中；平台要做到贫困人员有进有出，体现扶贫的动态变化。不可能每个贫困人员永远都是贫困人员，平台动态化的监管可以准确监控到已经脱贫的人员、仍处于贫困中的人员。实时更新或定期更新可以省去统计这项琐碎的工作，也节省了人员设置。

三是利用大数据工具辅助脱贫攻坚决策实施。依靠对贫困人员的动态化监管可以做到工作重心从信息采集向信息分析的转变。大数据的应用不仅仅局限

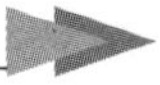

于贫困人员的确定、平台的建立，更重要的应用于对贫困人员的预测，这也是将大数据应用于精准扶贫的核心作用。将贫困人员基本信息、贫困地区基本情况运用数学、统计方法进行计算，对尚未发生事件进行可行性、可能性的预测。通过这种科学的预测，准确把握扶贫工作的实施效果，提高资源的利用率。数据的预测结果只是作为扶贫工作开展的辅助性工具，真正行之有效的扶贫政策和形式还有赖于因地制宜的政策设置和决策实施。

参考文献

[1] 巴庚明．核定对象因户施策责任帮扶限期摘帽——江西省万安县建立扶贫到户新机制［J］．老区建设，2013（19）：25－27.

[2] 岑家峰．民族贫困地区脱贫攻坚的思考——以南宁市为例［J］．桂海论丛，2017（1）：104－109.

[3] 柴葳，万玉凤．治贫先治愚　扶贫必扶智——20 项惠民政策织密教育扶贫网［J］．云南教育：视界综合版，2015（11）.

[4] 迟明佳．地方政府推进欠发达省份农村反贫困问题研究［D］．东北财经大学，2016.

[5] 杜建安，王义高．挂职扶贫：中国式消除贫困的制度创新［M］．北京：经济科学出版社，2010.

[6] 范子英，高跃光．财政扶贫资金管理、支出激励与人力资本提升［J］．财政研究，2019（3）：14－29.

[7] 封毅．发挥财政在扶贫攻坚中的主导作用［J］．预算管理与会计，2015（11）：37.

[8] 冯华．产业扶贫也要遵循市场规律［J］．农村．农业．农民（A版），2016（7）：5.

[9] 冯铁栓．产业精准扶贫财税激励政策反思与法治进阶［J］．当代经济管理，2018（12）：70－76.

[10] 符依．精准扶贫背景下少数民族义务教育资源配置现状及对策的研究［J］．时代金融，2016（14）：241－242.

[11] 高亚春，俞贺楠．多措并举促进我国技能扶贫脱贫［J］．中国人力

资源社会保障，2016（9）：30－32.

［12］公丕宏，公丕明．习近平总书记脱贫攻坚战略思想研究［J］．中国领导科学，2017（6）：16－18.

［13］宫留记．政府主导下市场化扶贫机制的构建与创新模式研究——基于精准扶贫视角［J］．中国软科学，2016（5）：154－162.

［14］龚晨．脱贫攻坚中主体协同治理的实践困境与角色规范［J］．攀登，2017（1）：54－57.

［15］苟天来，唐丽霞，王军强．国外社会组织参与扶贫的经验和启示［J］．经济社会体制比较，2016（4）：13－15.

［16］辜胜阻，李睿，杨艺贤，庄芹芹．推进“十三五”脱贫攻坚的对策思考［J］．财政研究，2016（2）：7－16.

［17］郭涛．国外反贫困的经验对我国扶贫开发的启示［J］．时代报告，2016（32）：27－28.

［18］郭威．构建多元化的金融扶贫资金来源渠道［J］．债券，2016（6）：75－79.

［19］韩俊．中国经济改革30年．农村经济卷［M］．重庆：重庆大学出版社，2008.

［20］何得桂，钟小荣．贫困治理背景下脱贫攻坚有效实现路径研究——以镇安县“三带四联”模式为例［J］．地方治理研究，2018（1）：65－77.

［21］黄承伟，向家宇．科学发展观视野下的连片特困地区扶贫攻坚战略研究［J］．社会主义研究，2013（1）：32－37.

［22］黄承伟，李芳真，玉海云，张松．财政扶贫项目参与式管理模式的创新实践——广西参与式财政扶贫资金使用与管理试点项目案例分析［J］．经济与社会发展，2007，5（2）：50－55.

［23］阚景阳，赵玉．金融支农扶贫模式研究——兼论对河北省“环首都扶贫攻坚示范区”的启示［J］．桂海论丛，2013（3）：67－70.

［24］柯振华．如何实施精准扶贫［J］．学习月刊，2014（14）：27－28.

［25］寇永红，吕博．财政扶贫资金绩效审计工作现状及改进措施［J］.

审计研究，2014（4）：19－22.

［26］李博．项目扶贫的运作逻辑与地方性实践——以精准扶贫视角看A县竞争性扶贫项目［J］．北京社会科学，2016（3）：106－112.

［27］李丹，裴育．均衡性转移支付能促进贫困地区基本公共服务供给吗——基于国定扶贫县的实证研究［J］．财贸研究，2016（3）：15－17.

［28］李东法．连片特困地区扶贫攻坚问题与对策分析［J］．经济研究参考，2013（56）：68－70.

［29］李小云，唐丽霞，许汉泽．论我国的扶贫治理：基于扶贫资源瞄准和传递的分析［J］．吉林大学社会科学学报，2015（4）：90－98.

［30］李小云，张雪梅，唐丽霞．我国中央财政扶贫资金的瞄准分析［J］．中国农业大学学报（社会科学版），2005（3）：1－6.

［31］李晓辉，徐晓新，张秀兰．应对经济新常态与发展型社会政策2.0版——以社会扶贫机制创新为例［J］．江苏社会科学，2015（2）：67－77.

［32］李正茂，索志林．黑龙江省扶贫资金使用效益问题研究——以2003年至2005年财政扶贫资金为例［J］．东北农业大学学报（社会科学版），2008，6（2）：17－19.

［33］李志平，张明黎，喻璨聪．我国扶贫资金使用效率的提升策略研究——基于2002～2014年的数据［J］．皖西学院学报，2016（3）：28－30.

［34］刘娟，赵玉．我国农村贫困的新特征与扶贫机制创新［J］．探索，2008，24（1）：31－34.

［35］刘林，陈作成．扶贫资金投入与减贫：来自新疆农村地区数据的分析［J］．农业现代化研究，2016，37（1）：17－22.

［36］刘牧，韩广富．集中连片特殊困难地区扶贫攻坚面临的问题及对策［J］．理论月刊，2014（12）：165－168.

［37］刘渊．西部偏远山区农村贫困对象瞄准问题探究［J］．农村经济，2015（4）：27－28.

［38］罗江月，唐丽霞．扶贫瞄准方法与反思的国际研究成果［J］．中国农业大学学报：社会科学版，2014（4）：10－17.

［39］罗庆．我国财政专项扶贫资金的分配、使用和效果研究［D］．西南财经大学，2014.

［40］吕国范，中原经济区资源产业扶贫模式研究［D］．中国地质大学，2014.

［41］吕其厚，曹树武．老区税收扶贫促产面临的问题［J］．税务研究，1991（11）：53－53.

［42］马尔萨斯．人口原理［M］．子箕，南宇，惟贤译．北京：商务印书馆，1961. 7－14.

［43］马海涛，王晨．基于供给侧的精准扶贫财政政策研究［J］．当代农村财经，2016（6）：10－16.

［44］齐超，陈方正．中国反贫困目标瞄准机制研究［J］．社会科学论坛：学术研究卷，2008（20）：82－86.

［45］申晓卫．促进贵州省农村扶贫开发的财税政策研究［J］．经济视角，2012（33）：41－42.

［46］沈力丽．破解新型农业经营主体发展资金瓶颈的途径选择［J］．吉林金融研究，2014（7）：44－45.

［47］苏明．我国财税扶贫政策运用的现状、问题与对策［J］．湖北财税，2001（14）：2－4.

［48］唐钧．贫困县乱象背后的深层问题［J］．人民论坛，2011（36）：24－25.

［49］汪三贵，李文，李芸．我国扶贫资金投向及效果分析［J］．农业技术经济，2004（5）：45－49.

［50］王碧玉，李树吉，李成红．财政扶贫资金效益评价模型的构造及其应用研究［J］．东北农业大学学报（社会科学版），2007，5（4）：75－77.

［51］王斌．我国财政农村扶贫问题研究［D］．西北农林科技大学，2004.

［52］王峰．垦利县“两保障”有序推进精准扶贫［J］．山东人力资源和社会保障，2016（4）：13.

［53］王红彦，高春雨，王道龙，等．易地扶贫移民搬迁的国际经验借鉴［J］．世界农业，2014（8）：15－21．

［54］王军．共享发展理念下的财税扶贫——以企业所得税为例［J］．中国行政管理，2018（12）：143－145．

［55］王岚．深入推进农村脱贫攻坚工作研究——以河南省安阳县为例［J］．农场经济管理，2017（11）：9－11．

［56］王亚娟．农村居民基本养老保险的财政支持研究［D］．山东财经大学，2016．

［57］王延中，王俊霞．更好发挥社会救助制度反贫困兜底作用［J］．国家行政学院学报，2015（6）：67－71．

［58］王永红．美国贫困问题与扶贫机制［M］．上海：上海人民出版社，2011．

［59］魏毅，曹国庆，张天乐．江西脱贫攻坚的路径选择与保障措施［J］．农林经济管理学报，2017（3）：408－418．

［60］吴国起．财政扶贫资金绩效管理改革研究［D］．财政部财政科学研究所，2011．

［61］吴黎明，刘玉琴．现行扶贫目标（对象）瞄准机制的利弊和建议［J］．当代农村财经，2004（10）：19－21．

［62］肖乐．精准扶贫理念下推进地方政府脱贫攻坚工作的研究［D］．湘潭大学，2017．

［63］熊圩清．财政扶贫与贫困地区的可持续发展［J］．湖北财税，2001（4）：27－28．

［64］闫坤，刘新波．中国农村贫困的财政根源探究［J］．全球化，2013（3）：25－36．

［65］杨安华．连片特困地区区域发展与扶贫攻坚的几个关键问题［J］．吉首大学学报（社会科学版），2014（2）：80－87．

［66］杨颖．税收政策促进西部扶贫开发的成效研究［J］．新西部：理论版，2013（2）：19－20．

［67］叶普万．贫困经济学研究［D］．西北大学，2003.

［68］尹芳．基于税收视角的扶贫背景下连片特困区“跨区经营”企业资本运行研究［J］．中国乡镇企业会计，2013（8）：73－75.

［69］于汉香．我国农村财政扶贫问题研究［D］．东北财经大学，2012.

［70］于乐荣，李小云．中国农村居民收入增长和分配与贫困减少——兼论农村内部收入不平等［J］．经济问题探索，2013（1）：117－122.

［71］余卫民．财政支持脱贫攻坚政策研究——以安徽省为例［J］．经济研究参考，2017（22）：40－43.

［72］张铭洪，施宇，李星．公共财政扶贫支出绩效评价研究——基于国家扶贫重点县数据［J］．华东经济管理，2014（9）：39－42.

［73］张全红．中国农村扶贫资金投入与贫困减少的经验分析［J］．经济评论，2010（2）：42－50.

［74］张望．建国初期凉山彝族地区民主改革的经济扶贫与政治争取［J］．贵州民族研究，2015（10）：182－185.

［75］张炜，童彬．四川通江：建立扶贫资金“精确滴灌”管道［J］．中国财政，2016（2）：78.

［76］章春化，刘新平．中国贫困与反贫困研究综述［J］．开发研究，1997（5）：50－52.

［77］赵昌文．贫困地区可持续扶贫开发战略模式及管理系统研究［M］．西南财经大学出版社，2001.

［78］赵俊超．扶贫开发理论与实践［M］．北京：中国财政经济出版社，2005.

［79］甄小惠．充分发挥互助资金作用　解决农村贫困地区资金“瓶颈”［J］．黑龙江金融，2010（4）：45－46.

［80］郑瑞强，陈燕，张春美，饶盼．连片特困区财政扶贫资金配置效率测评与机制优化——以江西省罗霄山片区 18 个县（市、区）为分析样本［J］．华中农业大学学报（社会科学版），2016（5）：20－21.

［81］郑志龙．政府扶贫开发绩效评估研究［M］．北京：中国社会科学出

版社，2012.

［82］中央编办研究中心．关于提高脱贫成效构建好的体制机制的思考［J］．中国机构改革与管理，2015（12）：8－10.

［83］仲德涛．脱贫攻坚进程中的财政扶贫研究［J］．武汉金融，2017（6）：77－79.

［84］周俊义．青海：认真做好残疾人职业技能培训［J］．中国人力资源社会保障，2011（7）：49－49.

［85］朱明熙，肖鹏，李建军，等．如何提升财政扶贫资金效率？［J］．财政监督，2014（34）：21－28.

［86］Amit Schoemaker R. Strategic Assets and Organizational Rent［J］. Strategic Management Journal，1993（14）：123－126.

［87］Anton Korinek，Joseph E Stiglitz. Dividend Taxation and Intertemporal Tax Arbitrage［J］. Journal of Public Economics，2009，93（1－2）：142－159.

［88］Atkinson A B. On the Measurement of Poverty［J］. Econometrica，1987（4）：49－64.

［89］Beck T，Demirguc-Kunt A，Maksimovie V. Bank Competition and Access to Finance：International Evidence［J］. Journal of Money，Credit，and Banking，2006，36（3）：627－648.

［90］Boxall，Peter F，John Purcell. Strategy and Human Resources Management［M］. New York：Palgrave Macmillan，2003.

［91］Daveri F，Tabellini G. Unemployment，Growth and Taxation in Industrial Countries［J］. Economic Policy. 2000（15）：47－104.

［92］Fan S. Government Spending，Growth and Poverty in Rural India［J］. American Journal of Agricultural Economics，2000（4）：38－51.

［93］Glenn Muske，Michael Woods. Micro Businesses as an Economic Development Tool：What They Bring and What They Need［J］. Journal of the Community Development Society，2004（1）：97－116.

［94］Gragnolati M，Jorgensen O H，Rocha R，et al. Growing Old in an Older

Brazil: Implications of Population Ageing on Growth, Poverty, Public Finance, and Service Delivery [M]. The World Bank, 2011.

[95] Hanson A. Local Employment, Poverty, and Property Value Effects of Geographically-Targeted Tax Incentives: An Instrumental Variables Approach [J]. Regional Science & Urban Economics, 2009, 39 (6): 721 -731.

[96] Derry Caye. Little Small Manufacturing Enterprises in Developing Countries [J]. The World Bank Economic Review, 1987 (1 -2): 203 -235.

[97] Immervoll H, Levy H, Nogueira J R, et al. The Impact of Brazil's Tax-Benefit System on Inequality and Poverty [J]. Ibero America Institute for Econ Research Discussion Papers, 2005.

[98] Joseph E Stiglitz. Taxation, Public Policy, and Dynamics of Unemployment [J]. International Tax and Public Finance. 1999 (6): 239 -262.

[99] Krammer Sorin M S. Drivers of National Innovation in Transition: Evidence from a Panel of Eastern European Countries [J]. Research Policy, 2009, 38: 845 -860.

[100] Lustig N. The Impact of Taxes and Social Spending on Inequality and Poverty in Argentina, Bolivia, Brazil, Mexico, and Peru: A Synthesis of Results [C]. Center for Global Development, 2012.

[101] Lutz Altenburg, Martin Straub. Taxes on Labor and Unemployment in a Shirking Model with Union Bargain [J]. Labor Economics. 2002 (8): 721 -744.

[102] Montalvo, Ravallion. The Pattern of Growth and Poverty Reduction in China Original Research [J]. Journal of Comparative Economics, 2010, 38 (1): 2 -16.

[103] Moreno-Dodson B, Wodon Q. Public Finance for Poverty Reduction: Concepts and Case Studies from Africa and Latin America [M]. Public Finance for Poverty Reduction : Concepts and Case Studies from Africa and Latin America. The World Bank, 2008.

[104] Okun A M. Potential GNP: Its Measurement and Significance [J].

Proceedings of Business and Economics Section, 1962: 98 – 103.

[105] Ravallion M, Chen S. China's (uneven) Progress against Poverty [J]. Journal of Development Economics, 2004 (1): 1 – 42.

[106] Williams S. Small and Medium-Sized Enterprises and Sustainability: Managers' Values and Engagement with Environmental and Climate Change Issues [J]. Business Strategy and The Environment, 2013, (3): 173 – 186.

[107] Zortea-Johnston E, Darroch J, Matear S. Business Orientations and Innovation in Small and Medium Sized Enterprises [J]. International Entrepreneurship and Management Journal, 2012, (2): 145 – 164.